녹차문화 홍차문화

원 제: 茶の世界史

이 책은 角山榮의 『茶の世界史』(中央公論社, 1980)를 옮긴 것입니다.

동양문학총서 13

녹차문화 홍차문화

지은이 角山榮
옮긴이 서은미
펴낸이 오정혜
펴낸곳 예문서원

편 집 조영미
인 쇄 상지사
제 책 상지사

초판 1쇄 2001년 1월 20일
초판 5쇄 2008년 5월 30일

주 소 서울시 동대문구 용두2동 764-1 송현빌딩 302호
출판등록 1993. 1. 7 제6-0130호
Homesite http//www.yemoon.com
E-mail yemoonsw@empal.com

ISBN 89-7646-128-2 03900

YEMOONSEOWON 764-1 Yongdu 2-Tong, Tongdaemun-Ku Seoul KOREA 130-824
Tel) 02-925-5914, 02-929-2284 Fax) 02-929-2285

값 7,000원

| 동양문화산책 13 |

녹차문화 홍차문화

角山 榮 지음 / 서은미 옮김

예문서원

옮긴이의 말

∙
∙
∙

올해 여섯 살을 꽉 채운 딸아이
는 요즘 장구를 배우러 국악 학원에 다닌다. 동기야 친구 따라
강남 간 격이지만 어쨌든 어린 딸과 그 친구들에게 전통 문화는
무척이나 재미있고 긍정적인 것이다. 알게 모르게 서양 것이 좋
고 배울 만하다는 생각을 가진 기성 세대에게 편견 없는 아이들
의 취향은 반성의 시간을 제공한다. 좋다 또는 그만 못하다는 식
의 저울질보다는 다양함을 인정하는 것에서 문화에 대한 인식이
시작되는 것이 아닐까.

최근의 차 문화에 대한 관심도 우리 것에 대한 관심의 고조와
무관하지 않다. 잘 살아야겠다는 일방적인 전진 욕구에서 벗어
나 우리 사회도 이제 좀 조화를 추구하려 하는 것 같아 반가운
마음이다. 그러나 조화란 수월하지 않은 과제임에 틀림없다. 차
문화의 부흥 또한 한복을 떨쳐입고 다도 시연을 하는 것으로 이
루어질 수 있을런지 의문이다. 호기심을 관심으로 연결하고 그
관심에서 애호가로 나아갈 수 있는 토대는 차의 문화성에 있는

만큼, 생활에 뿌리내릴 수 있게 하는 것이 무엇보다 중요하다.

문화란 행위에서 출발하는 것이 아니라 인식에서 출발하는 것이다. 그래서 '아는 만큼 보인다'라는 말을 여행을 가든 학술 답사를 가든 강단에서든 항상 스스로에게 다짐하고, 또 학생들에게도 강조하고 있다. 전통 문화로서의 차 문화도 이제 다도만을 강조하는 행위에서 벗어나 인문학적인 이해를 강조할 때라고 생각한다. 그런 의미에서 『녹차문화 홍차문화』(원제: 『차의 세계사 - 녹차의 문화와 홍차의 사회』)는 좋은 입문서가 될 것이다.

끝으로 흔쾌히 출판에 동의해 주신 예문서원에 감사하며 꼼꼼히 교정해 주고 일이 더디었던 옮긴이 때문에 답답했을 편집부 여러분께도 고마운 마음 전합니다.

2000년 12월 4일
해운대에서 서은미 적음

CONTENTS

프롤로그

：
：

우리들은 모든 것을 손으로 먹지만, 일본인은 남녀 모두 어릴 때부터 두 개의 젓가락을 사용해서 먹는다.

우리들이 일상적으로 마시는 물은 차고 맑아야 하지만, 일본인이 마시는 음료는 뜨거워야 한다.

그들은 대나무 솔로 차茶를 저어 마신다. 우리는 금은 보석을 보물로 여기는데, 일본인은 오래된 솥과 금이 간 도자기나 토기를 보물로 여긴다.

이 글은 1562년에 예수회 선교사로 일본에 왔던 포르투갈 인 루이스 프로이스의 독특한 문명 평론 『일본과 서구의 문화 비교(日歐文化比較)』의 일부이다.

아시아로의 항로를 발견한 유럽은 포르투갈을 선두로 스페인, 네덜란드, 영국이 연이어 일본에 도래하였다. 때는 마침 16세기 중반으로 일본 국내에서는 오다 노부나가(織田信長, 1534~82), 도요토미 히데요시(豊臣秀吉, 1536~98), 도쿠가와 이에야스(德川家康, 1543~1616) 등이 천하의 패권을 다투던 시기였다. 이전부터 유럽 인은 입에서 입으로 전해진 소문을 통해 일본이 금은이 풍부한 나라라는 말을 들어왔지만 실제 눈으로 보고 피부로 접촉한 것은 이때가 처음이었다. 그들이 일본에서 발견한 것은 여러 가지가 있지만, 그 중에서도 가장 새로운 것은 바로 차茶였다. 아니, '다도茶道 문화'라고 하는 것이 더 정확할 것이다. 그리하여 유럽의 역사에 차가 등장한 것은 바로 이때부터이다.

이 무렵, 유럽 인은 중국에도 차가 있다는 것을 알게 되었다. 그러나 중국의 차가 그들에게 준 문화적 자극은 일본의 차만큼 강렬하지는 않았다. 이렇게 말할 수 있는 것은 그들이 특별히 일본 차에 매료된 이유가 '다도 문화'에 있었기 때문이다. 일본의 끽다喫茶 역사에서 16세기 후반은 차사茶事가 전성기에 달한 시기였다. 이 시기에 센노 리큐(千利休, 1522~91)는 와케세자쿠(和敬淸寂: 茶道에서 他人을 和敬으로 대하고, 茶室이나 茶具를 조심스럽고 깨끗이 하는 일)를 근본으로 하여 다도를 완성하고, 그것을 조닌(町人: 상인·기술자 등 신흥 자산 계급)에까지는 아니지만 신흥 무가武家 사회에 확산시키는 데 성공하였다. 유럽의 선교사가 접한 일본의 차란 바로 이러한 '다도'였다. 요컨대 그들은 '차'라는 묘한 음료가 단지 음료일 뿐 아니라, 마시는 방법 자체가 하나의 의례이며 이해할 수 없는 종교적 신비성과 사회적 윤리성을 갖고 있었기 때문에 감동하였던 것이다.

한 잔의 차를 마시는 데 다실茶室이라고 하는 특별히 마련된, 협소하고 창이 없어 어둡기까지 한 방을 사용한 것은 무슨 이유일까? 왜 일본인은 차를 마시기 위해 오래된 솥과 금이 간 도자기에 많은 돈을 투자하고, 또 그것을 다이아몬드나 루비처럼 귀중하게 여기는 것일까? 유럽 인은 다도에 점점 더 호기심을 갖게 되었다. 그리고 그들의 호기심은 점차 일본 문화와 동양 문화에 대한 경외심으로 옮아갔다. 결국, 차는 그들에게 동양 문화의 상징이 되었다. 찻잎뿐만 아니라 도구 특히 중국산 도자기 포트(pot)와 차완茶碗 세트(set)는 동양 문화로서 깊이 각인되었다.

당시의 동양은 지금과는 달리 풍요로웠다. 이에 비해 북위 40도 이북에 있는 냉랭한 유럽은 빈곤하였다. 고대에는 비단, 뒤이어 중세에는 향료, 근세부터는 중국의 차 및 인도의 면포綿布가 풍요로운 동양에서 유럽으로 유입된 대표적인 물품이었다. 향료가 유럽의 아시아 항로 개척의 계기가 되었다면, 차와 면포는 유럽의 근세 자본주의를 촉진시키는 계기로 작용했다고 말할 수 있다.

동양의 차 문화에 대한 유럽 인의 경외와 동경―바로 여기에서 유럽의 근대사가 시작되었다.

I

■ ■ ■

문화로서의 차

녹차 vs 홍차

1
유럽인의 차 발견

16세기의 만남

어떤 경로를 통해 중국의 차가 유럽에 알려지게 되었을까? 먼저 생각할 수 있는 것은 옛날부터 있었던 동서 교류 루트이다. 즉 16세기에 아프리카 남단을 우회한 해로海路가 개척되기 이전부터 중국과 유럽은 이른바 실크 로드(silk road)로 연결되어 있었기 때문에, 상당히 일찍부터 차가 유럽에 알려졌을 것이라고 생각하는 것은 이상한 일이 아니다. 그러나 차가 실크 로드를 통해 유럽에 전해졌다는 증거는 아직까지 보이지 않는다.

그렇지만 아라비아의 무역 상인이 9세기에 이미 중국 차에 주목했다는 것은 확실하다. 한 상인은 "중국에서는 차가 소금과 함께 국왕의 과세 품목에 들어 있으며, 중국 도처에서 판매된다. 그것은 쓴맛이 나며, 뜨거운 물을 부어 마신다"라고 하였다. 그러나 그들이 실제로 차를 취급했던 것은 아니며 차를 마시지도 않았을 것이다. 이렇게 말할 수 있는 것은 그후 중세를 통틀어 아라비아 인이 쓴 약물에 관한 저서에서도, 13세기경에 중국을 여행한 유럽 인의 저서에서도 차에 관한 기록을 찾아 볼 수 없기 때문이다. 마르코 폴로(Marco Polo, 1254?~1324?)의 『동방견문록 東方見聞錄』에도 차에 관한 기록은 보이지 않는다. 그렇다면 중세 유럽 인은 차에 대해 전혀 모르고 있었으며, 또 차는 실크 로드의 교역품이 아니었다고 말할 수 있다.

유럽 인의 서적에서 차에 관한 기록이 처음으로 등장하는 것은 그들이 해로를 통해 동양으로 진출한 이후이다. 1545년경, 이탈리아의 지리학자 라무시오(Giovanni Battista Ramusio, 1485~1557)의 『항해기집성航海記集成』 중에 차를 언급하고 있는 대목이 보인다. 이것이 최초의 기록이 아닐까 생각되는데, 그 기록에는 다음과 같이 씌어 있다.

중국에서는 나라 안 도처에서 차를 마신다. 그것은 공복 때에 차 달인 물을 한두 잔 마시면 열병·두통·위통·횡복관절(옆구리와 관절)의 통증에 효과가 있기 때문이다. 통풍은 차로 효험을 볼 수 있는 병 가운데 하나이다. 과식했을 때에도 이 달인 물을 조금 마시면 곧바로 소화가 된다.

또한 1560년경에 중국을 방문한 최초의 포르투갈 선교사 가스파 다 크루즈(Gaspar da Cruz)는 중국의 지체 높은 집에 손님이 방문하면 차라는 일종의 음료 즉 붉은 빛의 쓴맛이 나는, 약으로 쓰이는 음료를 접시에 담고 그것을 다시 아름다운 바구니에 담아서 낸다고 하였다.

이처럼 중국 차를 처음 접한 유럽 인은, 차는 약 또는 손님을 대접하는 음료라는 인상을 받았다. 이에 비해 중국 차에 이어 곧

바로 접한 일본 차는 음료 이상의 독특한 문화로서 그들에게 매우 강렬한 인상을 남겼다. 이 점, 특히 눈여겨볼 만하다.

차 문화에 놀란 유럽인

네덜란드의 탐험가이자 지리학자인 린스호텐(Jan Huyghen van Linschoten, 1563~1611)은 1596년에 『동방안내기東方案內記』라는 책을 썼다. 이것은 그가 인도에 갔을 때 보고들은 것을 기초로 인도, 동남 아시아, 중국 등 남부 아시아 지역의 생활과 풍속 습관, 그리고 동식물의 상태를 상세히 기록해 놓은 책이다. 이 책에서 린스호텐은 「일본 섬에 관하여」(제26장)라는 장 하나를 설정해 일본에 대한 흥미로운 기록을 남겨 놓았다.

일본 섬에는 가지각색의 물고기가 있으며 일본인은 물고기를 대단히 좋아한다. 또한 온갖 종류의 과일이 다 있다. 집은 판자나 초가 지붕의 목조 양식으로 지어졌는데 아름답고 교묘하다. 훌륭한 대자리(竹席)로 방을 꾸민 부유하고 유력한 사람들의 집은 특히 아름답다.

이 기록은 현대 서양인들이 일본인의 집을 '토끼장'이라고 부르는 것과 대단한 차이가 있다. 또한 린스호텐은 일본에는 은이 풍부하며 "여러 가지 기술을 갖고 있는 우수한 직인職人과 창의력이 풍부한 명공名工들이 있다"고 하였고, 사람들에 대해서는 "마치 궁정에서 양육된 것처럼 예의범절이 매우 우아하다"라며 존경의 눈으로 일본을 바라보았다. 이 책에는 다음과 같은 기록도 보인다.

식사하는 방법을 보면, 제각기 자신들의 작은 상에 앉아 식탁보나 냅킨을 사용하지 않고 중국인처럼 두 개의 작은 나무 막대기로 먹는다. 그들은 쌀로 양조한 술을 마시는데 이 술을 마시면 곧잘 취한다. 식사 후에 그들은 어떤 종류의 음료를 마신다. 이것은 작은 항아리에 담긴 뜨거운 물로 여름이건 겨울이건 참을 수 있을 정도로 뜨겁게 해서 마신다.…… 차라고 부르는 약초를 가루로 내어 맛을 낸 이 뜨거운 물을 그들은 대단히 중시한다. 재력이 있고 지위가 있는 사람들의 경우 모두들 이 차를 은밀한 장소에 두고, 주인이 직접 간수한다. 친구나 손님을 대단히 융숭하게 대접하려 할 때에는 제일 먼저 이 뜨거운 물을 권할 정도로 소중하게 다룬다. 우리가 다이아몬드나 루비, 기타 보석을 귀중히 하는 것처럼 그들은 뜨거운 물을 펄펄 끓이거나 약초를 저장하는 데 사용하는 항아리와 차를 마실 때 쓰는 흙으로 빚은 그릇을 대단히 귀중히 여긴다.

린스호텐이 남긴 차에 대한 기술은 일본과 관련된 것뿐으로, 중국 차에 관해서는 어떠한 기록도 찾아볼 수 없다. 이로써 일본인의 다도가 그에게 꽤나 신기한 것으로 여겨졌음을 짐작할 수 있다. 그가 직접 일본에 갔던 적은 없었던 것으로 미루어 보아, 그의 기술은 이탈리아 인 예수회 선교사 조반니 피에토르 매페이(Maffei)와 덴쇼(天正) 연간(1573~92)의 소년 사절에 대해 기록한 괄티에리로부터 얻은 지식에 의거한 것이라고 생각된다. 따라서 차가 어떠한 음료이며 다도가 무엇인가를 그가 어느 정도 이해하고 있었는지에 대해서는 다소 의심스럽지만, 일본인에게 있어서 차란 단순한 음료나 약이 아니고 그 이상의 신비적인 '문화'라는 점을 인식하고 있었음은 확실하다.

또 이탈리아 인 선교사로서 1601년부터 죽을 때까지 베이징의 궁정에서 봉사한 마테오 리치(Matteo Ricci, 1552~1610)는 한 편지에서, "일본에서 가장 좋은 차는 1파운드에 10금金 에스크(Esc: 약 1달러에 해당함) 혹은 종종 12금 에스크에 팔린다. 일본과 중국의 차 음용飲用 방법은 약간 다르다. 일본인은 찻잎을 가루내어 2~3스푼 넣고 뜨거운 물을 부은 후 휘저어 마시는 반면, 중국인은 찻잎을 뜨거운 물이 든 항아리에 넣어 우려 낸 뜨거운 물을 마시고 찻잎은 남긴다"라며 일본인과 중국인의 차 음용 방법이 달랐음을 지적하였다(일본의 다도에 남아 있는, 가루차를 찻솔로 저어 마시는 방식은 본래 宋代의 음용 방법이다. 중국의 경우 元代를 과도기로 하여 明淸代에 이르면 지금처럼 찻잎을 우려 내 마시는 방법이 주류를 이룬다. 반면 일본의 경우는 중국 송대에 전래된 음용 방법을 그대로 유지하고 있다: 옮긴이).

이것이 하나의 계기가 되어 유럽 인은 차에 대한 호기심을 한층 북돋우며 동양으로부터 차를 수입하기 시작하였다.

'차'라는 말의 전파

이와 같이 차가 유럽으로 수입되기 시작한 것은 17세기 초인데, 그 경위를 설명하기에 앞서 현재 유럽을 비롯한 세계 각국에서 사용하고 있는 '차'라는 단어의 의미를 살펴보기로 하겠다. 현재 차를 의미하는 세계 각국의 단어는 중국 광둥어(廣東語)인 CH'A와 푸젠어(福建語)인 TAY의 계보를 따라 크게 두 그룹으로 나뉜다.

먼저 광둥어의 CH'A에 속한 것으로는 일본어의 차茶, 포르투갈어 · 힌두어 · 페르시아어의 CHA, 아라비아어 · 러시아어의 CHAI, 터키어의 CHAY 등의 계보가 있다. 그리고 푸젠어의 TAY(TE)에 속하는 계보로는 네덜란드어의 THEE, 독일어의 TEE, 영어의 TEA, 프랑스어 THÉ 등이 있다.

일본의 차나무 권위자인 하시모토 미노루(橋本實)에 의하면, '차'라는 말의 전파는 크게 육로와 해로로 구별된다고 한다. 즉 광둥어계의 CHA는 육로를 통해 북쪽으로는 베이징 · 조선 · 일본 · 몽고로, 서쪽으로는 티베트 · 벵골 · 인도에서 서남 아시아 지역, 나아가 일부 동구권으로 들어갔다. 한편 러시아로는 흑해 연안으로 유입되었든지 아니면 몽고를 거쳐 들어간 것으로 추측된다. 포르투갈어의 경우 육로로 전해지지 않았지만 광둥어 계보에 속하는데, 그것은 포르투갈이 직접 광둥성의 마카오를 통치하면서 차를 들여왔기 때문이다. 반면 푸젠어의 '테-'그룹은 샤먼(廈門)과 직접 무역을 시작한 네덜란드의 영향이 강하였다. 차가 네덜란드를 통해 서구 각국으로부터 북구로 확대되었기 때문에 푸젠어 계보에 연계된 것이다. 이상이 남해 항로를 거쳐 서쪽으로 전파된 차라는 말의 내력이다.

차라는 말의 전파는 차 그 자체의 전파와 무관하지 않다. 그렇다면 차가 육로로 몽고 · 시베리아를 거쳐 러시아 · 폴란드로 들어간 루트와 또 다른 육상 루트로서 티베트 · 벵골 · 인도 · 서남 아시아 · 터키를 거쳐 그리스로 들어간 루트가 있었던 것은 아닐까 하고 생각해 볼 수 있다. 그러나 앞에서도 말한 것처럼 아직까지 중세 유럽의 문헌에서 차에 관한 기록을 찾아보기 힘들고,

또한 러시아 · 터키의 옛 문헌에도 확실한 내용이 없으므로 일단 육로陸路 전파설은 해로海路보다는 시기적으로 나중이라고 생각해도 좋을 것이다. 앞으로 역사 · 언어학 분야에서 실증적인 연구 성과가 있기를 기대한다.

그런데 하시모토 설에 의하면 영국으로는 남해 항로를 거쳐 푸젠어의 'TE'가 유입된 것으로 되어 있는데, 홉슨 · 존슨(Hobson · Jobson)의 『영인구어사전英印口語辭典』에 의하면 17세기 중엽 차가 처음 도입되었을 무렵 영국에서는 'cha' 또는 'tcha'로 철자 표기를 하고 있었다. 유럽어에서 영국의 '티', 포르투갈어의 '차'를 제외하면, 대체로 '테' 또는 '테 · '라고 발음하는데 그 기원이 푸젠어의 '테 · '에서 기원하였다는 것은 확실하지만, 유럽 인이 '테 · '라는 말을 알게 된 것은 실제로는 말레이어의 '테 · '에서가 아니었을까 생각된다. 그것은 유럽에 차를 처음 소개한 나라가 다름 아닌 바로 네덜란드였다는 사실과 관계가 있다.

네덜란드 인이 최초로 운반한 차는 일본 차

동양 항로를 최초로 개척한 포르투갈은 동양의 특산물인 비단, 향료(후추) 등을 리스본으로 수입하였다. 그리고 이들 특산물을 리스본으로부터 프랑스 · 네덜란드 · 발트 해 방면으로 운반한 것은 네덜란드 선박이었다. 그런데 포르투갈이 1595년에 리스본에서 네덜란드 선박을 추출하였기 때문에 네덜란드는 직접 동인도 방면으로 배를 파견하였다. 그리하여 다음해인 1596

년에는 네덜란드의 상선대商船隊가 자바의 밴텀(Bantam)에 도착하여 그곳에서 동양 무역의 거점을 구축하였다.

1609년 네덜란드 동인도 회사의 선박이 일본의 히라도(平戶)에 처음으로 내항하였고, 그 이듬해인 1610년에는 히라도로부터 밴텀을 거쳐 유럽으로 차를 처음 수출하였다. 이것이 유럽으로 가져간 최초의 차로 알려져 있다. 이것이 사실이라면 유럽 인이 최초로 접한 차는 일본의 녹차라는 말이 된다. 일본이 쇄국鎖國하지 않고 유럽과 계속해서 자유로운 무역을 하였다면 유럽에서도 일본 차가 널리 알려졌을지 모른다. 일본의 쇄국 정책에도 불구하고 네덜란드는 데지마(出島)에서의 무역을 허가받았다. 그러나 점차 일본과의 차 무역은 쇠퇴하였고 그 대신 중국으로부터 차를 공급받게 되었다(일본과의 차 무역 쇠퇴는 쇄국이라는 정치적 이유보다는 차의 생산량과 가격의 문제로 야기되었을 가능성이 더 높다: 옮긴이).

영국은 동양 향료 무역의 거점을 구축하는 데 네덜란드보다 뒤졌다. 뒤늦게 끼어 든 영국은 네덜란드와 격렬한 전투를 벌였지만 1623년 '암보이나의 학살'(Amboima Massacre: 지금의 인도네시아 암본에서 네덜란드의 암보이나 식민 정부가 일본인·영국인·포르투갈 인 들을 처형한 사건) 후에 인도로 후퇴할 수밖에 없었다. 1621년 영국 동인도 회사는 히라도에 상관商館을 설치하고 일본에서의 거점을 구축하였음에도 불구하고 이를 유지할 수 없게 되자 2년 후에 폐쇄하고 철수하였다. 앞에서 언급한 바와 같이 17세기 중엽에 이르러 네덜란드를 통해 영국에 차가 유입되었다. 후에 아시아 무역의 주축을 형성한 영국도 17세기에는 차 무역에 있어서 네덜란드보다 뒤져 있었던 것이다.

네덜란드의 번영과 일본의 은

여기에서 세계 최초의 해양 국가 네덜란드의 번영과 그 배경에 대해 한마디 언급하고자 한다. 16세기에 신대륙의 발견과 신항로 개척에서 선두를 달린 나라는 두말할 것도 없이 스페인과 포르투갈이다. 그러나 17세기에 들어오면 그 어느 나라보다도 네덜란드의 동양 진출이 눈부시다. 17세기 중엽에 이르러서는 네덜란드가 말레이 반도로부터 자바, 수마트라, 향료 섬들을 비롯하여 타이완, 특히 일본과의 독점적 무역권을 손안에 넣고 동남 아시아 지역의 지배권을 장악하였다. 17세기 전반에는 말할 것도 없이, 이 지역의 특산물인 향료가 네덜란드의 아시아 무역에서 중심을 차지하였다. 그러나 17세기 중엽 이후에는 비단·면제품·동銅, 뒤이어 차茶가 무엇보다도 중요한 상품이 되었다.

당시의 아시아는 유럽으로부터 특별히 들여와야 할 것이 없을 정도로 풍요한 문명국이었기 때문에 유럽 인이 이들의 상품을 손에 넣기 위해서는 반드시 은銀이 필요하였다. 17세기 초에 이 지역에서 유통되던 화폐는 스페인의 피아스터(piaster)였다. 그것은 멕시코, 페루에서 주조된 것으로 순도가 높은 은화銀貨다. 그런데 이 지역에서 무역을 확대하려면 현지의 피아스터 은화로는 부족하였으므로 어떻게 해서든지 유럽 본국으로부터 은을 가지고 와야 했다. 은은 유럽에서는 생산되지 않는 귀중품이었으

그림1 네덜란드 동인도 회사

므로 영국에서도 네덜란드에서도 은을 유출하는 것은 원칙적으로 금지되어 있었다. 네덜란드 동인도 회사는 영국 동인도 회사와 마찬가지로 은을 수출할 수 있는 특허권을 가지고 있었지만 그 정도로는 부족하였다. 그러면 네덜란드는 부족한 은을 어떻게 보충하였을까? 그들은 일본으로부터 은을 수입함으로써 문제를 해결하였다.

네덜란드가 상업 활동을 통해 번영의 기초를 다졌다는 것은 새삼 말할 것도 없지만, 실제로 그 번영을 유지시킨 것은 일본의 은이었다고 할 수 있다. 그것은 흔히 네덜란드의 최고 전성기였다고 하는 17세기 중엽, 즉 1640~70년대가 일본의 은 수출 최고 전성기와 부절을 맞춘 듯이 일치하기 때문이다. 코펜하겐 대학의 그라만(K. Glamann) 교수에 의하면, 바쿠후(幕府)가 1668년에 네덜란드 선박에 의한 은 수출을 금지시킬 때까지 일본으로부터 유출된 은의 수량은 막대하였는데, 그 양은 네덜란드가 본국으로부터 가져와 지불하던 은의 수량과 같거나 그것을 상회하는 정도였다고 한다.

16세기에서 17세기 중엽까지 일본이 세계적으로 손꼽히는 은 생산국이었다는 사실은 의외로 잘 알려져 있지 않다. 당시, 세계 최대의 은 생산국은 멕시코와 페루(1545년에 발견된 포토시, 즉 지금의 볼리비아의 은산銀山은 특히 유명함)였다. 그 신대륙의 은이 스페인을 거쳐 유럽에 대량으로 유입되어 이른바 '가격혁명價格革命'이라는 물가 폭등을 일으킬 정도였는데, 16세기 말 최고 전성기 때의 은 유입량은 연평균 20만 킬로그램에 달하였다. 이에 대하여 당시 이와미(石見), 이쿠노(生野) 등의 은산銀山에서 생산된 일본의 은 수량은 정확한 수치를 알 수 없으므로 비교할 수 없지만, 멕시코나 페루에 견줄 정도는 되었다고 한다. 즉 17세기 초반 일본으로부터 수출된 은은 연 20만 킬로그램에 달하였다고 추정되며, 이 수치는 같은 시기에 신대륙에서 유럽으로 유입된 은의 양에 필적한다. 이는 일본인에게도 놀라운 사실이 아닐 수 없다.

1639년 이후 바쿠후의 쇄국 정책에 의해 일본이 외국과의 무역을 중단하였다고 알려져 있지만, 실제로는 나가사키(長崎)를 통해 당시 세계 경제를 주도하고 있던 최고 선진국 네덜란드와 교역하였으며 네덜란드를 통해 수동적이기는 하지만 세계 경제 시스템 속에 편입되어 있었다. 그러므로 16세기에 스페인이 '태

양이 지지 않는 나라'라고 불릴 정도로 번영을 이룩한 것이 멕시코와 페루의 은에 있었다고 한다면, 17세기에 네덜란드가 번영할 수 있었던 기초는 일본의 은에 있었다고 해도 틀리지 않을 것이다.

그러나 매년 20만 킬로그램에 달하는 대량의 은이 유출되자 일본 국내의 은도 점차 고갈되기 시작하였다. 이에 바쿠후는 1668년에 네덜란드 선박에 의한 은 수출을 금지하였다. 그리하여 일본의 은을 손에 넣을 수 없게 된 네덜란드는 이후 쇠퇴의 길을 걷게 되었다. 네덜란드에 이어 등장한 나라는 영국이다. 영국은 크롬웰(Oliver Cromwell, 1599~1658)의 항해조례(1651)를 시작으로 3회에 걸친 네덜란드와의 전쟁(1652~54년, 1664~67년, 1672~74년)에서 네덜란드를 격파하고, 아시아와 서인도 방면에서 무역의 지배권을 착실하게 확대해 갔다.

음차의 풍습은 네덜란드에서 시작

영국으로 차가 수입되기 전에 중국과 일본을 포함하여 동양의 무역을 장악했던 네덜란드에서 먼저 음차의 풍습이 생겨났다. 네덜란드 역사에서 음차의 사실이 처음 발견되는 것은 네덜란드 동인도 회사의 총독이 바타비아(Batavia: Jakarta의 옛 이름)의 상관장商館長 앞으로 보낸 1637년 1월 2일자 편지에서이다. 그 편지에는 "차가 사람들 사이에 음용되고 있으니 모든 선박에서 일본 차 외에 중국 차도 수배해서 선적해 주기 바란다"라는 기록이 적혀 있다. 음차가 당시 전 유럽의 상류 계층 사이에서 애호되기 시작했다는 것은 요한 알프레드 폰 만델스로가 쓴 『동인도 여행기』에 일본 차에 관한 내용이 다루어지고 있는 것에서도 확인할 수 있다. 그는 일본인이 마시던 말차抹茶를 거품을 낸 차(whipped tea)라고 보고, 이것을 '차'라고 불렀다. 그리고 일본의 '차'에 대해 이렇게 설명하였다. "'차'라고 하는 것은 '테 - ' 또는 '티 - '의 일종이다. 그 찻잎은 '테 - '보다 훨씬 섬세하며 귀중한 것으로 여겨진다. 지체 높은 사람들은 외부 공기가 들어가지 않는 견고하고 밀봉된 도자기 병에 그것을 넣어 소중하게 보관한다. 그러나 일본인은 유럽과는 전혀 다른 방법으로 차를 끓인다."

그들에게 있어서는 일본의 차라고 하면 '다도'를 말하며, 말차를 떠올렸던 것이다. 말차를 찻솔로 저어 거품을 내서 마시는 방법은 일본이 독자적으로 개발한 문화로서 당시는 말할 것도 없고 지금도 차 마시는 방법으로서는 매우 독특한 것이다(거품을 내어 마시는 방법은 宋代의 음용 방법으로서 일본의 독창적인 방법은 아니다: 옮긴이). 그렇다면 유럽 인은 처음에는 어떠한 방법으로 차를 마셨을까?

당시의 유럽 인이 어떠한 방법으로 차를 마셨는가를 정확히 설명하기란 어려운 일이다. 그러나 일반적으로 잎차를 마시는 유럽, 러시아, 동남 아시아, 중국, 조선, 일본 및 중앙 아시아의 일부에서는 잎을 끓이거나 우려내는 방법으로 차를 마셨다. 이 경우 주전자나 솥에 잎차와 물을 끓여서 차의 성분을 우려내고 차완에 따르는 방법과, 잎차 위에 끓는 물을 부어 차를 우려내는 방법 두 가지가 있다. 그리고 조미료로 소금, 설탕, 유제품(버터

제1부 문화로서의 차

나 우유 등)을 사용하는 경우와 그렇지 않은 경우가 있고, 사용하는 경우에도 각 지역에 따라 그 배합이 다르며, 배합의 차이에 따라 각 지역마다 독자적인 차 문화를 형성하게 된다.

일반적으로 중국과 일본에서는 녹차에 설탕 등의 조미료를 넣지 않는다. 그런데 티베트에서는 버터를 넣어 마시고, 몽고에서는 유차乳茶라고 해서 우유를 붓고 좁쌀 볶은 것을 넣어 마신다. 몽고의 차는 녹전차綠磚茶로, 소금으로 간을 해서 마신다. 유럽에서 17세기 말부터 18세기 사이에 설탕과 우유를 넣어 마셨다는 것은 확실하지만, 처음부터 설탕과 우유를 넣어 마셨는지는 정확히 알 수 없다. 어쨌든 유럽 인에게는 전혀 생소한 동양의 음료였기 때문에 처음에는 동양 각지에서 지리학자나 여행자들에 의해 여러 가지 음용 방법이 소개되었다. 이렇게 소개된 여러 방법으로 직접 마셔 보면서 유럽에 적합한 음용 방법을 찾아냈을 것이다.

1638년에 페르시아에 파견된 네덜란드 대사의 비서관이었던 아담 오렐리우스는 "페르시아 인들은 양질의 차에 익숙해 있다. 그들은 쓴맛이 나고 색이 까맣게 될 때까지 차를 끓여 거기에 회향 풀의 열매나 정향유, 설탕을 넣어 마신다"라고 하였다. 또한 같은 해에 무굴 제국의 궁정으로 알현갔던 러시아 대사 바실리 스타로코프는 전차煎茶를 대접받았는데 황제 로마노프에게 선물로 보내려 한 찻잎 한 봉지는 황제가 차를 마시지 않는다는 이유로 거절하였다는 이야기가 레트솜이 쓴 『차나무의 자연사』(1799)에 보인다. 이로써 볼 때, 17세기경의 러시아에는 음차의 풍속이 일반화되어 있지 않았던 듯 하다. 그러나 그즈음 네덜란드에서는 가격은 비싸지만 최신 음료로서 차가 상류 계층 사이에서 향유되었던 것만은 확실하다.

차는 유해한가

시대가 동일하다 해도 이질적인 문화와의 접촉은 문화 마찰을 일으키기 마련이다. 일본사에서 고대 불교의 도래, 근세 초기 기독교의 전래, 바쿠후 말기 서양 문명과의 접촉은 모두 커다란 정치적 변혁을 야기하였고 찬반 양론과 함께 전국적인 동란을 초래하였다. 네덜란드에 동양의 차가 도입되었을 때도 커다란 정치적 동란을 초래할 정도는 아니었지만 또한 자연스럽게 받아들여진 것도 아니었다.

먼저 찬성론부터 살펴보자. 처음으로 찬성론을 전개한 사람은 네덜란드의 유명한 의사 니콜라스 딜크스(1593~1674)였다. 그는 1641년에 출판된 『의학론(Observationes Medicae)』에서 차의 약용 효과를 여럿 들고 음차의 효과를 다음과 같이 과장되게 표현하였다.

무엇보다도 차와 비교될 수 있는 것은 없다. 차를 음용한 사람은 그 작용으로 인해 모든 병에서 벗어날 수 있고 장수할 수 있다. 차는 육체에 위대한 활력을 불어넣어 줄 뿐만 아니라 차를 마시면 결석, 담석, 두통, 감기, 안질, 카타르(점막의 질환), 천식, 위장병도 앓지 않는다. 게다가 졸음을 막아 주는 효능이 있어 철야로 집필하거나 사색하고자 하는 사람에게 크게 도움이 된다.

당시 의학계의 최고 권위자라는 사람의 말이 이러하였으니 그 의학 수준을 짐작할 만하다. 게다가 한술 더 떠 "차는 매일 8잔, 10잔을 마셔도 좋다. 아니 50잔, 100잔, 200잔을 마신다 해도 이를 막을 이유가 없다"고 하여 실제로 다량의 차를 소비한 의사가 있었는데 그의 이름은 코르넬리스 데커로, 본테코(Bontekoe) 박사라고도 불리었다. 그 의사조차도 니콜라스 딜크스가 차의 효능에 대해 지나칠 정도로 허풍스럽게 떠들자 (니콜라스 딜크스가) 네덜란드 동인도 회사의 스파이가 아니냐고 하였다는 풍문이 돌기도 하였다. 회사에서는 차의 판매에 공적이 있다는 이유로 니콜라스 딜크스에게 얼마인가의 사례금을 주었다고 한다.

차에 대한 반대론은 네덜란드에서도 있었지만 막상 반대론이 야기된 것은 오히려 독일에서였다. 중국 무역과의 차 수입에서 이익을 올리고 있던 네덜란드에 대한 질투 때문인지도 모르지만, 제일 먼저 독일에서 차에 대한 강력한 반대론이 일어났다. 그 중에서도 걸작인 것은 제수이트(Jesuit)회 선교사 마르티노 마르티니의 반대론이었다. 그는 중국인이 수척한 얼굴을 하고 있는 것은 차 때문이라면서 "차를 배척하라! 차를 다른 나라로 보내 버려라" 하고 강도 높게 주장하였다.

또한 포고령을 발하여 차를 금지시켜야 하며 독일인 의사에게 외국의 의료법을 이용해서는 안 된다고 주장하는 사람도 있었다. 그러나 독일에서는 일상적으로 마시는 음료로서 맥주가 확고하게 자리잡고 있었기 때문에 차가 약으로서 효과가 있는가 없는가 하는 정도의 수준에서 반대론이 일었을 뿐이고 국민 각 계층을 망라한 논쟁으로는 발전하지 못하였다. 이러한 사정은 와인(wine) 문화권인 프랑스에서도 그러하였는데, 프랑스에서도 주로 의사들 사이에서 차의 약용 효과를 둘러싸고 논쟁이 오갔을 뿐이다.

프랑스에 차가 처음 도입된 것은 1635년 혹은 1636년경이었는데, 네덜란드를 통해서 먼저 파리로 들어왔다. 차를 약으로서 도입하는 것에 앞장서서 반대한 사람은 가이 패탱이라고 하는 의사로서 그는 무엇이든 새로운 것에 반대하기로 유명하였다. 이러한 반대론에 대하여 차가 만병 통치약은 아니더라도 통풍痛風(尿酸 대사의 이상으로 생기는 관절염)에 효과가 있는지에 대해서는 실제 실험을 해보는 것이 어떠냐고 신중한 입장을 취한 사람이 알렉산더 드 로드(Alexandre de Rhodes, 1591~1660)이다. 그는 당시 재상이었던 마자랭(Mazarin, 1602~1661: 1642년 리슐리외 추기경이 사망한 후 프랑스 총리가 됨) 등 귀족들의 통풍 치료에 차를 권하였다. 이에 대해 패탱은 "차로 통풍이 치료될 수 있다고 생각하는가" 하고 비웃었지만, 드 로드는 점차 귀족들의 환심을 얻어 실적을 쌓아 갔으며 그의 동조자들도 늘어 갔다.

이렇게 되자 패탱은 입장이 불리하게 되었다. 1657년에 시행된 차의 효능에 관한 공개 토론에서 다수의 사람들이 차에 대한 찬성론의 입장에 섰다. 그 후 차는 프랑스에서 일반적으로 받아들여지게 되었고, 17세기 후반에는 차를 애호하는 문인들이 다수 나타났다. 「차의 찬가」라는 제목의 긴 라틴어 시를 쓴 피에르 다니엘 휴에, 만년에 매일 아침마다 차를 마셨던 극작가 라신(Jean Racine, 1639~99), 하루에 차를 12잔까지 마시곤 했다는 타랑트의 왕비 등 한때 프랑스에서는 차 문화가 꽃을 피웠다.

그러나 결국 차는 프랑스에서 국민적인 음료로 정착하지 못하였다. 그 원인은 무엇보다도 가격이 지나치게 높았다는 데에 있다. 1694년에 파리의 한 약제사는 중국 차는 1파운드에 70프랑, 일본 차는 150~200프랑에 팔았는데 이것은 중류나 상류 계층의 사람들에게도 상당히 부담이 되는 가격이었다. 그때그때 약으로 마시는 정도라면 몰라도 일상적으로 마시는 음료로 보급되기에는 아무래도 차의 가격이 너무 비쌌던 것이다.

따라서 차는 대체 기호품으로서 비슷한 시기에 들어온 커피나 초콜릿(코코아)과의 경쟁에서 뒤졌고 18세기에 이르러서는 그 지위가 매우 약화되었다. 19세기 초반의 프랑스의 미식가로서 유명한 앙텔름 브리야 사바랭(Anthelme Brillat Savarin)도 그의 불후의 명저 『미식예찬美食禮讚』(岩波文庫)에서 커피와 초콜릿에 대해서는 '맛있게 먹는 방법' 등을 상세히 설명하였지만, 차에 대해서는 전혀 언급하지 않았다. 이것은 이미 차가 프랑스 상류 계층 사이에서 인기를 잃었음을 반영한 것이라고 해도 틀리지 않다.

네덜란드의 '티 파티'

1701년 암스테르담에서 상연된 연극으로 「차에 미친 귀부인들」이라는 제목의 희극이 있다. 여기에서는 당시 네덜란드 귀부인의 티 파티(tea party) 모습을 풍자적으로 묘사하고 있다.

티 파티에 초대받은 손님이 오후 2시나 3시경에 찾아오면 여주인은 서두르면서도 정중하게 손님을 맞아들인다. 인사치레가 끝나면 손님은 발 스토브(stove) 위에 발을 올려놓고 앉는다(겨울에도 여름에도 발 스토브를 사용하였다). 여주인은 도자기나 은세공한 작은 다기에서 여러 종류의 차를 꺼내 은으로 된 차 거름망이 달린 작은 도자기 티 포트에 넣는데, 이 때 손님에게 "어떤 차로 할까요" 하고 엄숙하게 묻는 의례를 거친다(그러나 차의 선택은 대개의 경우 여주인에게 맡겨진다). 그리고 나서 여주인은 작은 그릇에 차를 담는다. 혼합한 차를 좋아하는 사람에게는 빨간 색의 작은 포트에 사프란(saffron)을 끓여 사프란 차가 든 포토와 찻잎이 조금 든 커다란 찻잔을 손님에게 건넨다. 그러면 손님은 직접 사프란 차를 찻잎이 든 찻잔에 부어 마신다. 이때 쓴맛을 제거하기 위해 설탕을 넣었는데 우유는 넣지 않았다. 우유를 넣기 시작한 것은 1680년으로, 프랑스의 라 사브리에르 부인이 처음으로 우유를 넣어 차를 마셨다고 한다.

그런데 압권인 것은 차를 마시는 방법이었다. 귀부인들은 차를 찻잔에 마시지 않고 찻잔에 담긴 차를 일부러 찻잔받침에 따른 후 소리내며 마셨다. 이렇게 소리를 내며 마시는 것이 차를 대접한 주인에 대한 감사의 표시이며 예의바른 태도라고 생각했기 때문이다. 티 파티에서의 화제는 차와 차에 따라 나오는 케이크에 한정되는 것이 관례였다. 손님은 보통 10잔에서 20잔 가량의 차를 마셨다. 차 마시기가 끝나면 이번에는 브랜디(brandy)가 나온다. 귀부인들은 브랜디에 설탕을 넣어 홀짝홀짝 마시면서 담배를 피웠다.

이것이 「차에 미친 귀부인들」이라는 코미디에 나오는 티 파티의 장면이다. 네덜란드의 관객들은 아마도 이 같은 장면을 보면서 깔깔 웃었을 것이다. 귀부인들이 차를 찻잔받침에 따르고 진지한 얼굴로 찻잔받침을 입으로 가져가 일제히 큰 소리를 내며 마시는 모습은 상상만 해도 웃음이 절로 나온다. 그러나 일본인들은 이 장면에서 짐짓 떠오르는 것이 있을 것이다. 네덜란드 귀부인들의 티 파티가 바로 일본의 다석茶席, 즉 '다도'를 흉내낸 것으로 볼 수 있기 때문이다. 확실히, 손님을 대접하는 주인의 예의 범절로 보나 차 마시는 방법에서부터 차 마시는 자리에서의 대화로 보나 네덜란드 귀부인들의 티 파티는 일본의 다도와 매우 흡사하다. 그러나 역시 한 가지 중요한 점에서는 다르다. 그것은 바로 차의 정신(참뜻)이 결여되었다는 점이며, 그 중요한 차이가 웃음을 유발하는 것이다. 그렇다고 하더라도 유럽 인, 특히 통상 관계를 통해 일본과 친밀하였던 네덜란드 인에게는 차가 단순히 약이나 음료가 아니라 경외로운 동양 문화, 아니 일본 문화 그 자체였다. 그러므로 차에 미친 네덜란드 부인은 결국 일본 문화에 미쳐 있었던 것이라고 하겠다.

그런데 이렇게 사치스런 티 파티의 유행은 많은 가정을 파탄으로 몰고 갔다. 부인들은 가정을 하녀에게 맡기고 놀러 다녔고 덩달아 남자들도 부인이 없는 집에는 들어가지 않고 술집에 모여 근심을 푸는 것이 일상적인 코스가 되어 버렸다. 차로 인해 네덜란드의 많은 가정이 파탄에 이르렀던 것이다.

캔펠이 본 일본 서민의 차

이러한 상황에서 차에 대한 반대론이라고 할까, '끽다망국론

喫茶亡國論'이 네덜란드에서 거세게 일어났다. 그런데 당시 17세기 말에 네덜란드 동인도 회사의 의사로서 마침 일본에 와 있던 캔펠(Engelbert Känpfer, 1651~1716)은 체류 기간(1690~92) 중에 일본의 상류 계층 사이에서 유행하던 다도가 아닌 서민들의 차 마시는 법을 정성껏 관찰하였다. 또한 그는 『회국기관廻國奇觀』의 「일본지日本誌」에 일본의 식물과 함께 차나무(Camellia Sinensis)에 대해서도 상세하게 기술하였다. 그 기록은 18세기 유럽의 최고 지식이 되었을 뿐만 아니라 지금까지도 높은 평가를 받을 정도로 매우 수준 높은 것이었다. 네덜란드 인의 차에 대한 관심이 얼마나 높았는가를 보여 주는 단적인 예라고 하겠다.

흥미로운 것은 캔펠이 외국인으로서는 처음으로 일본 서민들의 차 마시는 법을 자세히 관찰하고 기술했다는 점이다. 그는 『에도 시대 참부 여행 일기(江戶參府旅行日記)』(齋藤信 譯, 東洋文庫)에서 차에 관해 자주 언급하였다. 다음은 그 중의 일부이다.

여행자들이 차 이외의 다른 것을 마시는 경우는 드문데, 그들은 길가에 있는 모든 여관·숙소·요릿집과 들판이나 숲 속에 널려 있는 찻집에서 차를 마실 수 있다. 그러나 사람들은 어린잎(이것은 대개 지체 높은 사람들의 식탁에 올려짐)을 두 번 따 낸 후의 잎이나 한 해 전부터 달려 있던 뻣뻣한 잎을 사용한다. 이러한 센 잎은 딴 즉시 잎을 말지 않고 평평한 솥 속에 넣고 계속 저어 주면서 강한 불에 볶은 다음 짚으로 만든 자루에 넣어 지붕 밑 연기가 닿는 곳에 저장해 둔다. 도보 여행자들에게 제공되는 이러한 종류의 차는 끓이는 방법이 대단히 간단하다. 한 줌 또는 좀더 많은 양의 찻잎을 작은 자루에 넣거나 또는 그대로 철 주전자 속에 넣고 물을 부어 끓인다. 주전자 속에는 작은 바구니가 들어 있어 그것으로 잎을 아래로 눌러 주면 항상 깨끗한 차를 따를 수 있다. 그리고 국자로 찻잔에 반 정도 차를 붓고 차가운 물을 덧부어 온도를 낮춘 다음 손님에게 낸다.

이를 통해 알 수 있는 것은 솥에 볶아서 만드는 차의 제조법과 차를 끓여 마시는 방법이다. 대체로 녹차 만드는 방법을 대별해 보면 끓이거나(煮) 볶거나(炒) 찌는(蒸) 것이 그 1단계이다. 일본의 녹차는 지금까지 대체로 찌는 방법을 사용해 왔으며 캔펠이 관찰한 볶는 방법은 극히 드문 경우이다. 그러나 무라야마(村山鎮)의 『차업통감茶業通鑑』(메이지 33년)에 의하면, 쪄서 만든 센차(煎茶)는 우지(宇治) 유야야(湯屋谷) 촌村의 나가타니 산노조(永谷三之丞) 종원宗圓에의해 겐분(元文) 3년(1738)에 만들어져 에도(江戶: 도쿄의 옛 이름)의 야마모토(山本嘉兵衛)의 가게에 가져온 것이 그 처음이라고 한다. 그러니 17세기 말에 캔펠이 목격한 볶아 만드는 방법은 아마도 일반적인 녹차 제조법이었는지도 모른다. 이와 관련하여 중국에서는 일본과 달리 솥에 볶는 방법이 주를 이루고 있었다. 17~18세기경에 중국에서 어떠한 제조 방법이 사용되었는지는 정확히 알 수 없지만 당송唐宋 때에는 중국에서도 찌는 방법을 사용하였던 듯하다.

네덜란드의 쇠퇴

이야기가 조금 빗나가는지 모르지만, 네덜란드는 일본을 통해 처음으로 차 마시는 방법을 알게 되었고 실제로 17세기에는 일본의 녹차를 약간 수입해 가기도 하였다. 그러나 곧 네덜란드 동인도 회사는 수입 차의 대부분을 중국에 의존하게 된다. 하지만 그 수량은 1720~30년경에 중국과 유럽과의 직접 무역이 시작되기까지는 그렇게 많지 않았다. 그것은 네덜란드가 수동적인 형태로 주로 동인도 회사의 거점 바타비아에서 그곳을 찾아오는 중국 상인으로부터 차를 사들였기 때문이다. 차, 생사生絲, 견직물, 때로는 일본산 철근 등을 실은 중국의 정크(junk: 중국인이 연해나 하천에서 승객·화물을 운송하는, 특수하게 생긴 배) 선은 12월에 부는 강한 북풍을 타고 광둥(廣東), 샤먼(厦門), 닝보(寧波) 등의 항구를 출발해 다음해 1월에 바타비아에 도착하였다. 직접 중국으로부터 오는 정크 선과 달리 마닐라, 마카오, 말라카에서도 중국 상품을 실은 배가 바타비아로 모여들었다.

그런데 네덜란드가 사들인 물품들 중에서 차茶만을 살펴보면, 18세기 초에도 녹차가 압도적으로 많았음을 알 수 있다. 예를 들어 1715년에 네덜란드 동인도 회사에 대한 본국으로부터의 차 매입 주문은 대략 6~7만 파운드였는데 그 중 보우히(bohea: 武夷茶, 중국산 紅茶)가 1만 2~4천 파운드이고, 나머지는 모두 녹차였다. 그 이듬해인 1716년에는 매입 주문액이 10만 파운드로 올랐는데, 그 가운데 보우히가 1만 파운드이고 나머지는 모두 녹차였다. 그 수입 차 중 어느 정도가 국내 소비였는지는 확실하지 않지만 그 일부가 영국으로 재수출되었던 것만은 확실하다. 그러나 영국은 직접 광둥에서 차 무역을 시작하였고 바타비아를 경유한 네덜란드의 차는 가격이 비쌌기 때문에 네덜란드는 차 무역에서 영국에게 패하고 만다.

차가 국민들 사이에서 가장 널리 퍼진 나라는 누가 뭐라 해도 당연 영국이었다. 동양의 특산물인 차가 영국인의 일상 생활에서 없어서는 안 되는 국민적 음료로 정착한 것이다. 어떤 이유로 영국에 차가 널리 정착하게 된 것일까?

2
영국에 정착한 홍차

커피 하우스

영국인이 차에 대해 언급한 최초의 기록은 일본 히라도(平戸)에 내항하였던 영국 동인도 회사 주재원 R. 위컴이 도심에 주재하고 있는 같은 회사 주재원에게 보낸 1615년 6월 27일자 편지에 보인다. 이 편지에서 위컴은 양질의 차를 한 항아리 보내 달라고 적고 있다.

흥미로운 사실은 네덜란드 인에 이어 영국인 역시 일본을 통해 차를 알게 되었다는 것이다. 따라서 당시는 지금처럼 푸젠어계의 '티'라고 발음하지 않고 '차' 또는 '치야'에 가까운 '쵸오'라고 발음하였다. 게다가 영국인은 '차'라고 하면 일본의 말차抹茶, 즉 찻잎을 가루로 만든 것에 뜨거운 물을 부어 마시는 것을 연상했던 것 같다. 이것은 앞서 언급한 바 있는 『동인도 여행기』에서 만델스로가 한 말이다.

그렇다면 영국인이 차를 '티'라고 부른 것은 언제부터일까? 어림잡아 1644년 이후가 아닐까 생각된다. 이 해에 영국 상인이

그림2 커피 하우스

샤먼(厦門)에 자리를 잡은 후 중국인을 통해 직접 푸젠어의 '테 - '를 알게 되었고, 이것은 'toe'에서 'tea'로 점차 변화하였다. 그래서 1671년에 출판된 『영어용어해英語用語解』에는 그때까지도 'cha'로 표기되어 있었던 것이다.

그렇다면 언제 차가 영국에 들어온 것일까? 정확한 시기는 알 수 없지만 네덜란드, 프랑스, 독일에 유입된 때와 거의 비슷한 시기 즉 1630년대 중반에 네덜란드를 거쳐 영국에 유입된 것으로 추측할 수 있다. 영국에서 차가 일반인에게 판매되기 시작한 것은 상당한 시간이 흐른 뒤인 1657년으로, 런던의 담배 상인이며 커피 하우스의 주인인 토마스 개러웨이(Thomas Garraway)가

그림3 개러웨이스

찻잎을 판매하면서 가게에서 차를 마시게 한 것이 최초라고 한다. 차를 구입하는 이들은 상류 계층의 사람들이었으므로 가격도 엄청나게 비싸서 1파운드(무게 단위)에 6~10파운드를 받았다. 커피 하우스에서 차를 팔았다고 하면 좀 이상하게 생각될지도 모르지만 실제로 커피가 차보다도 몇 년 더 일찍부터 판매되고 있었다. 외국에서 들어온 진기한 음료라는 면에서는 커피나 차나 크게 다르지 않았으므로 한발 앞서 생긴 커피 하우스에서 차를 판매하였던 것이다.

커피 하우스는 요즘의 클럽의 전신이라고 할 수 있는데, 해외무역에 종사하는 상인을 비롯해 여러 계층의 사람들이 1펜스의 입장료를 내고 한 잔에 2펜스 하는 커피나 차를 마시면서 논의하고 환담하던 정보 교환 센터이자 상인과 귀족들의 사교장이었다. 커피 하우스는 17세기 후반부터 18세기 전반기에 최고의 전성기를 구가하였다. 이 커피 하우스로부터 신문이나 주간지 등의 저널리즘과 글쓰기를 생업으로 하는 사람들이 생겨났으며 또한 문단이 생겨났다. 더 나아가 왕립王立 과학원도 바로 이곳에서 유래하였다.

이러한 사실로 알 수 있듯이 커피 하우스는 영국의 지적 생산력의 발전에 지대한 역할을 수행하였다. 1605년 옥스퍼드에 최초의 커피 하우스가 생긴 이래 그 수가 급속히 증가하였으며, 1683년에는 런던에만 커피 하우스가 3천 곳이나 있었다고 한다. 모든 커피 하우스에서 차를 취급했던 것은 아니지만 차와 관련하여 특히 유명했던 곳은 '개러웨이스' 다. 개러웨이스는 시내의 런버드와 컨힐 거리 사이에 있는 뒷골목 익스체인지 엘레이의 한 모퉁이, 그러니까 지금 버클리 은행이 있는 자리에 있었다.

개러웨이스에서 팔았던 차는 특히 질병의 예방과 치료에 효과가 좋은 것으로 유명하였는데, 주인은 1660년에 건물의 한쪽 벽면에 차의 효용을 적은 포스터를 인쇄해 붙이고 차에 대한 선전광고를 하기 시작하였다. 이 포스터는 근세 영국 광고사의 첫머리를 장식한다는 점에서도 중요한 의미를 갖지만, 동시에 차에 관한 최초의 포스터라는 점에서도 주목할 만한 가치가 있다.

현대의 포스터는 간단 명료함과 일목요연함을 추구하지만 당시는 지면 가득히 장황하게 효능을 적는 것이 특징이었다. 여기에서 전문을 번역하는 것은 불필요한 일이므로 요점만을 소개하겠다. 광고문은 차에 관한 일반적인 소개와 차의 특효를 기록한 두 부분으로 구성되어 있었다.

우선 앞부분에서는 "차는 오랜 역사와 뛰어난 지능으로 유명한 국민들(중국인과 일본인을 지칭함: 옮긴이) 사이에서 그 무게의 두 배가 되는 은銀과 교환되고 있다. 차로 만든 음식물은 높이 평가되고 있고 동양의 여러 나라를 여행한 적이 있는 각국의 지식인들 사이에서는 차의 성질에 관한 조사가 진행되었다. 여러 방법으로 엄밀하게 조사한 결과, 차를 마시면 완전한 건강을 유지할 수 있으며 놀라울 정도로 장수할 수 있다며 식자識者들은 차를 권하고 있다"라고 하였다.

그 뒷부분에서는 차로 효험이 있는 질병 증세로 정력 부진, 두통, 불면, 담석증, 무력증, 소화 불량, 식욕 부진, 건망증, 괴혈병, 폐렴, 설사, 감기 등의 14가지 증상을 언급하고 있다.

오늘날 보면 과장 광고임에 틀림없지만, 당시 영국인에게 중국과 일본은 뛰어난 문화를 가진 신비한 선진국이었고 차는 바로 그러한 문화를 대표하는 물품이었다. 따라서 부자들은 물론 누구나 비싼 대가를 지불하고서라도 동양의 영험하고 신비한 음료를 수중에 넣고 싶어하였다.

당시 영국을 비롯한 유럽 각국에 거의 동시에 들어온 외래 음료로는 초콜릿, 커피, 차의 세 종류가 있었다. 약으로서의 효과 면에서 보면 카페인의 함유량이 많은 커피가 각성제로서 차에 결코 뒤지지 않으나 유독 차가 유럽 인들에게 칭송받게 된 것은 동양 문화에 대한 유럽 인의 콤플렉스에서 연유한 바가 크다.

차에는 760년경에 쓰어진 육우陸羽(727? ~808?, 唐나라의 隱

士: 차를 즐겨 후세 사람들로부터 茶神으로 숭앙됨)의 『다경茶經』으로부터 일본의 다도를 중심으로 한 예능 문화, 여기에 찻잔·다기 등의 미술 공예품과 차 끓이는 방법, 마시는 방법, 예절에 이르기까지 장구한 역사적 전통 문화의 찬란함이 있다. 이에 반해 초콜릿이나 커피에는 이러한 문화적 배경이 없다. 적어도 유럽인의 콤플렉스를 자극하는 문화의 무게가 결핍되었다는 점이 차와 근본적으로 다른 점이라고 하겠다. 덧붙여 말하면 영국 근대사는 바로 이러한 콤플렉스에서 출발하여 동양의 우수한 문화와 물산物産의 모방과 창조, 그리고 마침내는 동양으로의 공격적 진출이라는 형태로 전개되었다. 이 점에 대해서는 나중에 다시 이야기하기로 한다.

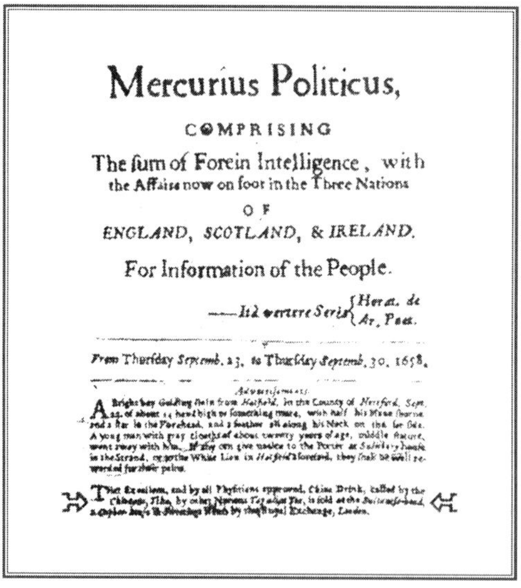

Mercurius Politicus,

COMPRISING

The sum of Forein Intelligence, with the Affairs now on foot in the Three Nations

OF

ENGLAND, SCOTLAND, & IRELAND.

For Information of the People.

——Ità vertere Seria {*Horat. de Ar. Poet.*

From Thursday *Septemb.* 23. to Thursday *Septemb.* 30. 1658.

Advertisements.

A Bright bay Gelding stoln from *Hatfield*, in the County of *Hertford*, Sept. 23. of about 14 hand high or something more, with half his Mane shorne and a Star in the Forehead, and a feather all along his Neck on the far Side. A young man with gray cloaths of about twenty years of age, middle stature, went away with him. If they can give notice to the Porter at *Salisbury house* in the Strand, or at the White Lion in *Hatfield* aforesaid, they shall be well rewarded for their pains.

That Excellent, and by all Physitians approved, China Drink, called by the Chineans, Tcha, by other Nations *Tay alias Tee*, is sold at the *Sultaness-head*, a Cophee-house in Sweetings Rents by the Royal Exchange, *London*.

그림4 『정치통보』에 실린
최초의 차 광고

차 광고와 관련하여 한 가지 더 신문 광고와 관련된 일화를 소개하겠다. 차에 관한 최초의 신문 광고는 '개러웨이스'의 포스터보다 2년 앞선 1658년에 반관반민半官半民 주간지 『정치통보政治通報』(9월 23일~30일자 호)에 실렸는데 그 광고주는 '술탄(sultan) 왕비의 머리'라는 별난 상호를 붙인 커피 하우스였다.

약에서 음료로

약이었던 차가 음료로 변화하게 된 것은 찰스 2세(재위 1660~85) 때 궁정에서 유행한 동양적 취향이 계기가 되었다. 1662년에 찰스 2세에게 시집온 포르투갈 왕의 딸 캐서린(Catherine of Braganza, 1638~1705)은 결혼 선물로 인도 봄베이의 풍습과 함께 동양의 음차 풍습을 궁정에 들여왔다. 궁정에서는 여성이나 남성이나 아침부터 저녁까지 에일(ale: 맥주의 일종), 와인(wine)과 스피리츠(spirits: 알코올 음료)를 마셔 술에 절어 지낼 정도였는데 차 애호가였던 캐서린의 영향으로 동양의 차가 종래의 알코올 음료를 대신하여 유행하게 되었다. 캐서린이 영국에서 맞은 생일날을 축하하는 자리에서 궁정 시인 에드먼드 워러는 차를 칭송하는 다음의 시를 여왕에게 헌상하였다.

> 비너스가 몸에 휘감은 망토,
> 아폴로가 쓴 월계관,
> 그 어느 것보다도 차는 멋있네.
> 여왕이 차를 사랑하시어 하사하셨네.

그녀의 차 취미는 유명하였던 듯하다. 1664년 동인도 회사의 선박이 밴텀에서 귀항했을 때 진귀한 동식물을 좋아하는 국왕에게 헌상할 기조奇鳥, 기수奇獸, 기타 진귀한 것을 준비하지 못해 어쩔 수 없이 은 케이스에 넣은 시나몬(cinnamon: 계피) 기름과 약간의 차를 헌상하였다. 그런데 오히려 궁중에서는 그것을 더 기뻐하였고, 이후 대량의 차가 헌상품 목록에 오르게 되었다.

여왕의 흉내를 내듯 상류 계층의 여성들 사이에서 차가 점차 인기를 얻게 되었다. 런던의 약제사는 차의 인기가 높아 가는 것을 알고 재빨리 약품 목록에 차를 넣었을 정도이다. 저 유명한 일기 작가 사무엘 핍스의 일기를 보면, 1667년 어느 날 집에 돌아와 보니 아내가 의사 페링 씨의 권유로 "감기를 낫게 하는 약으로 차를 만들고 있는 것을 보았다"라는 기록이 있다. 이처럼 차는 커피 하우스에서 점차 가정으로 유입되어 17세기 말경에는 상류 계층 가정의 음료로 보급되었다. 커피 하우스가 남성들만의 클럽이었을 때에는 차의 보급이 제한적이었다. 그러나 차가 가정에서 여성의 음료로 음용되기 시작하자 널리 보급되기 시작하였다. 그리하여 런던에서는 음료 잡화점에서까지 차를 판매하기에 이르렀다. 그러나 차는 그때까지도 대중들로서는 손댈 수 없는 사치품이었다. 그것은 먼 동양으로부터 운반되어 온 외국 물품이기 때문이기도 하지만, 찰스 2세의 왕실 재원을 위해 커피 하우스에서 판매되는 차·초콜릿·셔벗(sherbet)에 1갤런 당 8펜스라는 높은 소비세를 부과하였기 때문이다.

차의 여왕과 생활 혁명

찰스 2세가 죽고 나서 1685년에 제임스 2세(재위 1685~88)가 즉위하였다. 그는 노골적인 구교 부활 정책과 전제주의를 내세웠다. 이러한 정책은 국민의 반감을 샀는데, 1688년 6월에 왕자가 태어난 것을 계기로 그 반감은 절정에 달하였다. 국민들은 제임스의 장녀이며 신교도인 메리(재위 1689~94)에게 왕위가 계승되기를 기대하고 있었는데 왕자의 탄생으로 구교 정책이 바뀔 것이라는 희망이 사라져 버렸기 때문이다. 그래서 영국 의회의 지도자들은 협의 끝에 1688년 6월에 네덜란드에 있던 메리의 남편 윌리엄(재위 1689~1702)에게 영국의 자유와 권리를 수호하기 위해 병사를 이끌고 영국에 와 달라는 전갈을 보냈다. 결국 국왕 제임스는 프랑스로 달아났고 왕위는 윌리엄 3세와 메리 2세가 계승하였다. 이것이 보통 무혈혁명無血革命, 즉 '명예혁명名譽

革命'이라는 것이다.

　새 여왕 메리는 이전에 캐서린이 포르투갈에서 음차 풍습을 들여온 것처럼 네덜란드로부터 차·자기·칠기 등의 동양적 취미를 들여왔다. 네덜란드 풍의 티 파티가 어떠한 것이었는가는 앞서 언급한 바 있다. 메리의 동생 앤은 1683년에 덴마크의 왕자 조지(재위 1714~27)와 결혼하였지만, 명예혁명 때 부친 제임스를 버리고 언니 메리와 형부 밑으로 들어간 후 얼마 되지 않아 형부의 뒤를 이어 왕위에 올랐다. 앤 여왕(재위 1702~14)도 동양적 취미에 심취해 있었으며 이로 인해 차는 최신 유행 음료로 궁정에서 상류 계층 사이에 확산되었다. 영국의 귀부인들 사이에서는 중국산의 작은 자기 그릇에 중국 차를 담아 홀짝홀짝 마시

그림6 티 테이블

50

는 것이 하나의 풍속이 되었고, 대부분의 가정에는 둥근 티 테이블이 준비되어 있었다.

〈그림6〉은 1710년경에 런던에서 판매된 풍자화의 하나로, 티 테이블의 유행을 묘사한 것이 흥미롭다. 부인들이 둥근 티 테이블에 둘러 모여 차 마시는 모습을 풍자한 것인데, 그림을 보면 당시 크게 유행하던 인도 옥양목 가운을 입고 등받이가 높은 등나무 의자에 앉아 있다. 테이블 한가운데 네모난 쟁반이 있는데 음식물과 음료를 낼 때 쟁반을 사용하는 것도 당시의 유행이었다. 쟁반의 사용도 동양적 취미의 하나였기 때문이다. 또 중국산 자기로 된 다기 한 벌, 티 포트, 차 항아리, 찻잔, 설탕 그릇, 우유 단지 등을 갖추는 것이 부와 지위의 상징이기도 하였다.

차와 티 테이블을 중심으로 한 동양적 취미의 유행은 영국의 사회 생활, 특히 식사 문화에 커다란 변화를 가져왔다. 16세기 후반 엘리자베스 1세(재위 1558~1603) 때에는 아침 식사로 쇠고기(볼깃살) 세 쪽을 먹었는데, 18세기 초에는 혁명적 변화가 일어나 차와 버터 바른 빵이 아침 식사를 대신하게 되었던 것이다. 또한 궁정의 일상 음료도 에일, 맥주, 사과주, 와인에서 차가 중심적인 음료가 되었다.

그 외 18세기에 영국인의 식탁에 새롭게 등장한 음식으로 감자, 쌀, 토마토, 아스파라거스, 시금치가 있고 18세기 초부터는 디저트에 과일이 첨가되었다. 예를 들어 대추 야자, 무화과(북아프리카 산), 레몬, 오렌지, 라임(서인도 산), 수박(이집트·인도·중국산), 바나나(서인도 산), 복숭아(인도·중국산), 딸기, 파인애플 같은 과일이 식탁을 풍요롭게 채웠다. 식생활에서의 이러한 커다란 변화는 인도로부터 운반되어 온 면포에 의해 일어났던 의류 혁명과 함께 영국에 생활 혁명을 가져왔다.

아침 식사는 차와 버터 바른 빵으로

18세기 초에 특히 부인들이 얼마나 차를 즐겨 마셨는가를 잡지 『스펙테이터(The Spectator)』(1712년 3월 11일자)에 실린 어느 귀부인의 일기를 통해 살펴보겠다.

○ 수요일
· 아침 8시부터 10시까지: 침대에서 초콜릿 2잔을 마시고 다시 잠들다.
· 10시부터 11시까지: 버터 바른 빵 한 쪽을 먹고 보우히 차를 한 잔(a dish of Bohea tea) 마시다(이때 dish라고 불리는 밑이 얕은 찻잔을 사용하였다. 그래서 'a dish of tea'라고 하였다: 옮긴이). 잡지 『스펙테이터』를 읽다.
· 11시부터 1시까지: 화장실에서 새로 머리를 손질하다. 베니(하녀의 이름인 듯함)에게 머리를 빗질하고 감기게 하다. 나는 블루(블루 색의 드레스를 말함)가 제일 잘 어울린다.
· 1시부터 2시 반까지: 체인지(Change: 거래소)에 말을 타고 나가 부채 한 벌을 값을 깎아 사다.
· 2시 반부터 4시까지: 저녁 식사를 하다. 프로트 씨(그녀의 애인인 듯함)가 새 옷을 입고 지나가다.
· 4시부터 6시까지: 정장을 하고 노부인 브리스 씨와 그의 여동생을 방문하다. 여동생은 외출하고 집에 없었다.
· 6시부터 11시까지: 바셋(Basset: 카드 놀이의 일종)을 하며 놀다. 이제 결코 다이아몬드 에이스에는 걸지 않을 생각이다.

○ 목요일

· 어젯밤 11시부터 오늘 아침 8시까지: 잠자다. 프로트 씨와 페어로우 (faro: 내기 카드놀이의 일종)를 하는 꿈을 꾸다.

· 8시부터 10시까지: 초콜릿을 마시고 침대에서 드라이든의 극 『Aureng Zebe』 2막을 읽다.

· 10시부터 11시까지: 티 테이블에서 차 마시는 시간을 갖다.

· 나머지 아침 시간: 시간이 남아서 노부인 폰테느 씨와 이야기하다.

· 3시까지: 옷을 갈아입고 화장하다.

· 3시부터 4시: 저녁을 먹다. 자리에 앉으니 음식이 식어 있었다.

· 4시부터 11시: 친구들과 만나다. 크림프(도박?)에서 5기니(guinea) 를 잃다.

이 일기를 보면 당시 귀부인의 일상 생활의 일면이 어렴풋이 눈앞에 보이는 듯하다. 흥미를 끄는 일들이 많이 적혀 있지만, 그 중에서도 특히 흥미로운 것은 상류층에서는 오전 10시와 오후 3시에 두 번 식사를 하였다는 점과 매일 아침마다 차를 마셨다는 점이다. 1711년에 문예 평론가 애디슨(Joseph Addison, 1672~1719)은 "규칙적인 생활을 하는 가정에서는 모두들 매일 아침 한 시간 동안 차와 버터 바른 빵으로 아침 식사를 한다"라고 하였는데, 위 일기의 주인공도 예외는 아니었던 것 같다. 재미있는 것은 아침 식사하기 전에 침대에서 매일 아침 초콜릿을 마셨다는 사실인데, 그것이 얼마 지나지 않아 초콜릿 대신 차를 마시는 영국인의 '모닝티(early morning tea)'라는 특징적인 관습이 되었다.

이 귀부인의 일기에는 저녁 식사 때에 어떤 음료를 마셨는가는 명확히 드러나 있지 않지만, 아마도 저녁에는 차를 마시지 않았을 것이다. 하루에도 몇 차례씩 차를 마시게 된 것은 18세기 중엽에나 이르러서이다. 1763년에 알렉산더 카알라일 박사는 핼로우게이트(Hallowgate)에서 최신 유행하는 생활 양식을 서술한 자서전에서 "귀부인들은 애프터눈 티(afternoon tea)와 커피를 마시고 있다"라고 하였다. 또한 19세기 초 베드포드 공 7세의 부인은 5시에 차와 케이크로 애프터눈 티를 즐겼다고 한다.

그 즈음에는 하루 두 번의 식사가 아니라 호화로운 아침 식사, 하인들의 시중을 받지 않는 피크닉 풍의 가벼운 점심 식사, 케이크를 곁들인 5시경의 애프터눈 티, 8시 저녁 식사, 저녁 식사 후에 거실에서 마시는 차 등과 같이 대체로 빅토리아 시대의 영국 식사 패턴이 정착되었다. 오후 4시의 애프터눈 티가 중산 계층에 확산된 것은 1840년대 이후의 일이다. 이렇게 애프터눈 티가 확산된 것은 원거리 통근과 가스의 보급 등으로 저녁 식사가 늦어졌기 때문이다.

손꼽히는 수입 품목으로 도약

영국에 동양의 산물을 운반해 옴으로써 생활 혁명을 가져오는데에 중심적인 역할을 수행한 것은 영국 동인도 회사이다. 영국 동인도 회사의 기록에 차가 나타나는 것은 1660년대 초부터이다. 1660~1760년 동안 동인도 회사와 아시아와의 무역 관계를 주요 거래 상품별로 통계 수치에 의해 밝혀 낸 것은 극히 최근의 일이다. 런던 대학 아시아·아프리카 연구소의 초드리 박사의 연구에 따르면, 동인도 회사가 아시아로부터 수입해 온 품목에서 최고액을 차지한 것은 인도의 옥양목을 비롯한 섬유 제품으로 18세기 초까지 전 수입액의 거의 70%를 차지하였다. 중세 이래 동남 아시아 무역의 중심이었던 후추의 수입은 17세기 말까지 연간 20%를 넘는 비중을 차지하였지만 18세기에 들어와서는 전 수입액의 5%에도 미치지 못할 정도로 그 중요성을 상실하고 만다.

이를 대신하여 18세기 초부터 급속한 증가 추세를 보인 수입품은 중국에서 들여오는 차였다. 차는 1760년에 총 수입액의 약

그림7 최초의 영국 동인도회사

40%, 수량으로 약 620만 파운드를 차지할 정도로 아시아 무역에서 주요 품목으로 부상하였다. 또한 이 해에 차는 수입액에서 마침내 인도 옥양목을 제치고 수위로 도약하였다. 이렇게 차 무역이 약진하게 된 것은 국내에서 차 수요가 급격히 증대하였기 때문이다.

품목 연도	중국 도자기	커피	쪽 (물감)	검은 후추	硝石	견	차	면·견 직물
1670	0	0	3.9	23.2	5.1	1.0	0	60.9
1680	0.5(85)	1.3	0.8	9.7	1.0	5.3	0	78.2
1690	5.6(91)	8.1	0.3	29.9	2.2	9.9	1.4	39.5
1700	2.1(01)	2.4	3.9	5.4	0.7	9.3	3.0(01)	74.7
1710	0.3(12)	3.8	7.2	4.1	4.3	7.8		70.1
1720	0.5	8.1	0.3(23)	8.2	2.5	2.8	4.5	72.0
1730	1.9	9.0(29)	1.7(29)	1.6	1.6	9.0	18.5	66.4
1740	1.2	3.7	—	1.3	1.7	10.2	13.0	68.3
1750	0.9	3.8	—	3.6	0.5	2.2	22.6	66.3
1760	1.0	5.7(57)	0.3(58)	2.0	2.2	12.0	39.5	42.9

〈표1〉 동인도 회사의 주요 수입품(全輸入額 중의 %)

18세기 중엽 서유럽에서 차를 대량으로 마셨던 나라는 네덜란드와 영국이다. 프랑스도 중국으로부터 차를 수입하였지만 수입한 차의 1/10 정도를 소비하는 데 그쳤을 뿐이고, 나머지는 주로 영국으로 밀수출한 것으로 보인다. 네덜란드 역시 수입량의 대부분을 밀수출하였던 것 같다. 또한 독일 사람들은 차보다는 커피를 더 좋아하였고 스페인 사람들은 차를 거의 마시지 않았다. 그러므로 18세기 중엽의 영국은 유럽 다른 나라들의 전체 소비량에 비해 대략 3배 정도의 차를 소비하였다고 할 수 있다.

1757년에 청조淸朝가 광둥을 외국 무역의 유일한 창구로 하였기 때문에 세계의 차 공급은 모두 광둥 항을 통해 이루어졌다. 여기에서 1766년에 광둥 항을 거쳐 수출된 차의 무역 통계를 보면 다음의 표와 같다.

영국 선박	600
네덜란드 선박	450
스웨덴 선박	240
프랑스 선박	210
합 계	1,500 (약 7,000 톤)

〈표2〉 광둥 항에서의 차 수출, 1766년(단위: 만 파운드)

18세기 중엽 영국(잉글랜드와 웨일스)의 인구를 약 700만이라고 할 때, 영국인의 1인당 차 소비량은 밀수입된 수량을 제외하고 계산하면 약 0.8파운드가 되는데, 여기에 밀수입된 수량을 더할 필요가 있다. 밀수입된 수량은 정확하지 않지만 1780년 중반에도 공식 수입량에 가까운 차가 밀수입되었다고 하므로, 1766년에 영국 배로 수입된 차 600만 파운드 외에 밀수입된 것이 대략 500만 파운드 정도라고 한다면, 연간 차 소비량이 1인당 약 1.5파운드라는 놀라운 숫자가 나온다. 다만 영국에서 수입된 차의 일부(약 10%)는 미국이나 기타 식민지로 재수출되었기 때문에 그 양만큼은 빼야 한다. 그렇다고 하더라도 18세기 중엽 영국에 차가 대중적인 음료로 정착하였다는 것만은 확실하다.

영국에서도 처음에는 녹차

오늘날 대부분의 사람들은 영국인이 처음부터 홍차를 마셨을 것이라고 생각하고 있다. 뿐만 아니라 멀리 중국으로부터 차가 운반되어 오는 도중에 열대의 더위 속에서 녹차가 발효되어 홍차가 되었다는 이야기를 믿는 사람도 많다. 그러나 이것은 속설에 지나지 않는다.

영국 동인도 회사의 기록에 차의 수입이 처음 보이기 시작한 것은 1669년으로, 이 해에 143파운드(무게 단위)의 차가 밴텀으로부터 수입되었다. 그러나 그후 회사는 장기간 동안 정기적인 수입 품목에 차를 넣지 않았다. 1680년대 중반에 이르러서야 겨우 밴텀, 마드라스, 수라트의 대리인에게 양질의 차를 매년 몇 상자씩 본국에 보내 달라는 주문을 하였다. 네덜란드 동인도 회사는 이미 1637년에 매년 정기적으로 차를 수입하라는 주문을 했는데, 이에 비하면 영국은 네덜란드보다 50년은 더 늦은 셈이다. 처음에 영국 동인도 회사는 밴텀에서 무역을 위해 그곳을 방문한 중국 선박(정크 선)으로부터 차의 대부분을 구입하였으며, 나머지는 수라트에서 마카오와 고아 사이의 무역에 종사한 포르투갈 선박으로부터 구입하였다. 그러나 영국은 17세기 말까지도 차 거래를 안정적인 기반 위에 올려놓지 못하고 있었다. 18세기에 들어와서야 여전히 찻값이 비쌌음에도 불구하고 차가 음료로서의 지위를 확립하였기 때문에 본격적인 차 수입을 시작하였다. 1713년에는 직접 광둥 항에 접근할 수 있는 권리를 일부 확보하였고 1717년부터는 중국과 직접 차 무역을 시작하였다.

그러면 영국은 어떤 종류의 차를 수입하였을까? 1702년 동인

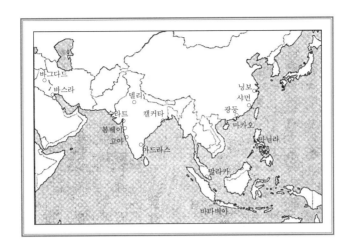

그림8 17세기 아시아와 무역거점

도 회사의 매입 주문을 보면, 싱글로(Singlo, 松蘿茶) 녹차, 임페리얼(Imperial, 大珠茶) 녹차, 보우히(Bohea, 武夷茶) 홍차를 4:1:1의 비율로 보내라는 내용이 적혀 있다. 이로써 녹차 수요가 압도적으로 많았다는 것을 알 수 있다. 그런데 18세기를 지나면서 녹차의 비율이 점차 감소하는 반면, 홍차의 비율은 해마다 증가하였다. 그 과정을 수치로 나타낸 것이 〈표3〉이다.

녹차에서 홍차로

대개 차는 제조 가공 공정에서의 차이에 의해 크게 녹차와 홍차로 구분된다. 동일하게 채취된 찻잎이 제조 방법의 차이에 따라 발효되지 않은 것은 녹차가 되고 발효된 것은 홍차가 되는데,

홍차	보우히(%)	콩고우(%)	수총(%)	피코우(%)
1721~30	3,360,497(37.8)	533,166(6.0)	— (—)	111,660(1.5)
1731~40	5,337,807(45.4)	815,644(6.9)	53,503(0.45)	141,593(1.2)
1741~50	10,130,247(49.6)	316,533(1.6)	391,952(1.92)	— (—)
1751~60	23,634,760(63.3)	531,522(1.38)	440,840(1.15)	104,967(0.3)
녹차	싱글로(%)	하이슨(%)	임페리얼(%)	기타(%)
1721~30	4,577,279(52.0)	39,991(0.5)	242,697(2.7)	14,572(0.2)
1731~40	3,642,271(30.9)	1,170,522(9.9)	356,207(3.1)	146,451(1.2)
1741~50	8,029,616(39.4)	1,320,166(6.5)	16,646(0.05)	9,338(0.05)
1751~60	11,259,684(30.0)	1,378,229(3.7)	— (—)	— (—)

〈표3〉 영국 동인도 회사에 의한 홍차·녹차의 수입 통계(단위: 무게 단위의 파운드)

향과 맛은 물론 마시는 방법도 크게 달라진다. 홍차는 중국에서
도 비교적 새로운 음료였으며, 그것이 발명된 것은 송대宋代라
고 한다. 발효를 중간에 중지시킨 것이 우롱차(烏龍茶)이다.

그러나 18세기 중엽에 이르러 영국인은 상인과 소비자의 입
장에서 독자적인 분류를 하였던 것 같다. 1771년에 에든버러
(Edinburgh: 스코틀랜드의 수도)에서 발행된 『브리태니커
(Britannica)』초판의 '차' 항목에는 다음과 같은 해설이 있다.

차를 취급하는 상인은 차의 색깔, 향과 맛, 잎의 크기에 따라 차를 여
러 종류로 구분한다. 일반적으로는 보통의 녹차, 양질의 녹차 및 보우
히 세 종류로 분류하는데, 다른 종류도 모두 이처럼 세 종류로 분류하
는 것이 가능하다. 보통의 녹차는 잎이 약간 작고 주름이 있고, 잘 건
조된 잎은 말려 있는 모양이다. 색은 엷은 검녹색이며 맛은 약간 떫고
향기가 매우 좋다. 차를 끓이면 짙은 황색을 띤 녹색이 된다. 양질의
녹차는 잎이 크고 주름이 없으며 건조 과정에서 잎이 말리지 않도록
만들어졌다. 색은 청녹색에 가까운 엷은 색을 띠며 실로 뭐라 말할 수
없는 훌륭한 향이 난다. 보통의 녹차보다 떫은맛이 나지만 그래도 훨

씬 기분 좋은 맛이다. 차를 끓이면 엷은 녹색이 된다. 하이슨이나 임페리얼 같은 양질의 비싼 녹차는 모두 이 종류에 속한다. 한편 보우히는 다른 차들보다 훨씬 작은 잎으로 만들어진다. 색은 다른 종류에 비해 한층 짙은 색이고 때로는 검은빛을 띤다. 마찬가지로 향기도 맛도 좋지만 맛은 단맛과 떫은맛이 섞여 있는 듯한 맛이 난다. 녹차는 대부분 어딘지 모르게 제비꽃 향이 나는데 보우히는 장미꽃 향이 난다.

이 해설을 읽고 있으면 눈앞에 차 향기가 감도는 듯한 실감이 난다. 녹차와 홍차 두 가지로 분류하면 될 것을 녹차를 굳이 보통의 녹차와 양질의 녹차로 나누고 잎의 형태·색·향기·맛의 차이를 강조한 점이 흥미롭다. 또한 보우히 홍차보다 녹차에 역점을 두고 설명한 부분은 18세기 중엽에는 아직 녹차 쪽이 일반적인 음료가 아니었을까 하는 추측을 하게 한다는 점에서 주목을 끄는 해설이라고 하겠다.

그런데 앞의 통계표(〈표3〉)에서 이미 본 바와 같이 영국 동인도 회사가 18세기 초부터 수입한 중국 차로는 홍차와 녹차가 있었고, 그 가운데 홍차에는 피코우(Pekoe, 白毫)·수총(Souchong, 小種)·콩고우(Congou, 工夫)·보우히(Bohea, 武夷茶)의 네 종류, 녹차에는 임페리얼(Imperial, 大珠茶)·하이슨(Hyson, 熙春茶)·싱글로(Singlo, 松蘿茶)의 세 종류가 있었다.

홍차 중에서 가장 품질이 좋고 비싼 것은 피코우(갓난 아이의 머리카락, 어린 싹을 연상시키는 흰 솜털이라는 뜻: 옮긴이)로서 이것은 차의 새순 중에서도 아직 부드러운 솜털이 남아 있는 잎으로 만든 하얀 색의 차다. 피코우는 오늘날 일본에는 거의 알려져 있지 않지만, 홍콩 등에서 구입할 수 있는 '인쩐바이하오(銀針白

毫)', 영어로 'flowery pekoe'라고 불리는 것이다. 수총은 성숙한 잎으로 만든 것으로, 잎은 홍색을 띠며 끓인 차는 담홍색이다. 수총은 피코우에 버금가는 상질의 홍차이며 수요도 많기 때문에 광둥에서 피코우와 함께 높은 가격으로 거래되었다. 콩고우는 비교적 크고 거친 잎으로 만드는데 그 잎은 검은 색이고 차색깔은 짙은 홍색이며, 특히 향이 좋아 사랑받았다. 그러나 수입품의 대부분을 점한 것은 보우히로, 그 은은한 장미향이 영국인을 매료시켰다. 보우히는 맨 마지막에 딴 잎으로 만든 것으로서 가격도 저렴한 대중적인 홍차였다. 홍차라고는 하지만 그 끓인 차의 색은 약간 녹색을 띠었다. 푸저우(福州)의 우이산(武夷山)에서 만들어졌기 때문에 영어로 '보우히(Bohea)'라고 하였다. 일본인들은 이것을 일본식으로 발음하여 '보헤아'라고 부른다.

한편 녹차는 싼 것을 대표하는 차였는데 녹차 중에서 싱글로는 보우히 다음으로 수입량이 적었고 가격도 보통 홍차보다 높았다. 이렇게 보면 18세기 초에는 수입차의 약 55%가 녹차였고 홍차는 약 45%이었는데, 그 후 홍차의 수입이 현저하게 증가하여 같은 세기 중엽에는 홍차가 약 66%, 녹차가 약 43%로, 녹차와 홍차의 위치가 역전되었다. 이 즈음부터 영국인의 홍차 선호 성향이 정착되었다고 할 수 있는데, 홍차 중에서도 보우히에 대한 수요가 압도적이었다.

차가 들어오기 전의 음료

도대체 왜 차가 유럽에서 그것도 유독 영국인들 사이에서 애호되고 국민적인 음료로 급속히 보급된 것일까? 이것은 일본인들 누구나 의아하게 생각하여 한 번쯤 이야기해 본 주제이다. 그런데 이 문제는 간단히 답변할 수 있는 것이 아니다. 사회·경제·문화적인 요소가 복잡하게 얽혀 있어 단편적인 접근으로는 해답을 얻을 수 없다. 예를 들어, 차가 보편적인 음료로 자리잡기 이전에 영국인들은 어떤 음료를 마셨을까, 영국에서 차가 받아들여지게 된 문화적 기반은 무엇인가, 차가 아무 저항 없이 무난하게 받아들여졌을까, 문화적인 마찰이 있었다면 그러한 마찰과 저항을 누르고 국민적인 음료로 정착할 수 있었던 것은 무엇 때문인가, 비非알코올계의 경쟁 음료로 커피·초콜릿 등이 있었는데 영국에서는 어떤 이유로 차가 이러한 것들을 누르고 우위를 점하게 된 것일까, 등등 적어도 이러한 문제들을 고려할 필요가 있다.

차가 들어오기 전까지 영국인은 일상 음료로 어떤 것을 마셨을까? 서민 생활에 대한 기록이 부족해서 자세히 알기는 어렵지만 주로 물이나 집에서 만든 에일을 마시지 않았을까 생각된다. 영국의 물은 연수軟水로 대륙의 물과는 달리 음료에 적합하였다. 지금도 대륙의 물로 차를 마셔 보면 차의 맛도 향도 나지 않는다는 것을 알 수 있다. 역시 차는 영국에서 마시는 것이 가장 맛있다. 또한 에일이라고 하는 것은 엿기름, 이스트, 물 등으로 양조한 것으로 맥주의 일종이라고 할 수 있는데, 맥주와 다른 것은 홉(hop: 뽕나무과의 다년생 만초로 맥주의 향미용으로 쓰임)을 사용하지 않는다는 점이다.

영국에 맥주가 소개된 것은 15세기이며, 플랑드르(Flanders: 현재의 벨기에 서부·네덜란드 남서부·프랑스 북부를 포함한 북해에 면한 중세 국가)로부터 도입되었다. 그러나 17세기 말까지는 상류 계층에서도 일상 음료로 맥주보다도 에일을 더 많이 마셨다. 농민들의 경우에는 집에서 만든 에일을 마셨으며 농촌 공동체의 축제와 결혼식 때 나오는 음료도 대부분 에일이 차지하였다. 와인이 전혀 없었던 것은 아니지만 프랑스 등에서 수입된 것이 대부분이었고, 또 사과로 만든 사이다(cider)가 있었지만 아무래도 이런 것들은 영국에서는 상류 계층과 특별한 행사 때의 음료였지 서민의 일상 음료는 되지 못하였다. 그러다가 18세기 들어서 서민들도 진(gin)과 싼 수입 와인을 널리 마시게 되었다. 그렇다고는 하지만 영국은 프랑스나 다른 유럽 제국과 비교해 볼 때 물을 제외한 음료는 척박한 편이었다고 할 수 있다. 따라서 프랑스, 이탈리아, 스페인 같은 지중해의 와인 문화권에는 차가 파고들어 갈 여지가 없었던 데 반해 전통적인 음료가 그리 많지 않았던 영국에서는 비교적 쉽게 확산될 수 있었던 것이다.

영국에 차가 수입된 배경에는 물이 적합하였다는 점 외에도 토착의 '대용차代用茶'가 있었다는 점에 주의할 필요가 있다. 옛날부터 알려진 식물 즙(plant infusion)이 그것인데 그것은 지금도 영국 농촌에서 사용되고 있다. 오늘날에는 그 식물 즙도 차라고 부르지만 본래 차는 아니다. 16세기에 영국에서 대서양을 건너 아메리카까지 들어간 약용 차에 세이지 티(sage tea: salvia 잎을 달인 것)가 있는데, 그것이 전통적인 식물 즙의 일종이다. 그 밖에도 하트니의 『영국의 먹거리』(1951)에 실려 있는, 예로부터 내려오는 영국의 대용차에 박하 차(Catnip tea: 감기에 효과가 있다), 히숍 차(Hyssop tea: 히숍은 향이 좋고 자극성이 있는 식물로, 옛날에 그 가지는 깨끗이 하는 의식에 사용되었다. 꽃과 잎 모두 차에 사용되고 끓는 물에 20분 정도 담갔다가 꿀을 넣어 마시면 기침에 효과가 있다), 나무딸기잎 차(Raspberryleaf tea: 이것은 달여서 우유와 설탕을 넣어 마신다. 또 레몬과 설탕을 넣어 마셔도 좋다. 임신 말기에 특히 좋다), 까막까치밥나무 차(Black currant tea: 꿀을 넣어 마시면 목과 기침에 좋다) 등이 있다. 물론 여기에 기록된 음용 방법은 오늘날의 것인데, 차가 들어오기 전에는 설탕 대신 꿀을 사용하였을 것이고 마시는 방법도 달랐을 것이다. 이러한 대용차代用茶를 기반으로 하여 중국 차가 파고들 수 있었던 것이다.

대용차가 어느 정도 널리 보급되었는가에 대한 의문이 없지 않지만, 동양의 차를 끓이는 방법을 몰라 그저 달이기만 하면 좋다고 생각한 사람도 많았다. 예를 들어 차가 식민지 미국에 도입된 17세기 말부터 18세기 초에 뉴잉글랜드에서는 찻잎을 쓴맛이 우러날 때까지 오랜 시간 동안 끓인 후에 우유와 설탕도 넣지 않은 채로 그냥 마셨다. 이러한 음용 방법은 영국으로부터 들어온 것인데 영국인들 사이에서는 차가 달여 마시는 약으로 인식되고 있었기 때문이다. 그러나 놀라운 것은 그 달이고 남은 잎에 소금을 뿌리고 버터를 발라먹었다는 사실이다. 더욱 압권인 것은 뉴잉글랜드의 몇몇 도시에서는 달인 물은 버리고 남은 잎만 먹었다는 것이다.

음차 반대 운동

차가 네덜란드에 들어왔을 때 차에 대한 찬반 양론이 있었다는 것은 이미 언급한 바 있다. 마찬가지로 영국에서도 차가 자연스럽게 받아들여졌던 것은 결코 아니었다. 영국에서는 차가 상류 계층의 음료로 받아들여졌으며 농민, 노동자, 하인, 빈민에 이르기까지 범국민적 음료로 보급된 18세기 중엽에 이르러서야, 즉 네덜란드보다 거의 한 세기 늦게서야 차에 대한 논쟁이 전국적으로 불타오르게 되었다.

차에 대한 반대론의 주요 특징으로는 차가 건강에 좋지 않다는 점 외에, 청교도(puritan)적인 금욕 정신과 박애주의의 입장에서 차는 사치스러운 것이므로 좋지 않으며 그만한 돈이 있으면 빈민에게 자선하는 것이 좋다는 정신적 유해설이 강조되었던 점을 들 수 있다. 스코틀랜드에서는 에든버러 왕궁에서 처음 차를 마셨던 것이 1680년으로, 영국보다 상당히 늦었음에도 불구하고 1730년~40년대에 음차 풍속이 각 계층에까지 확산되었다. 1707년에 스코틀랜드는 영국에 병합되어 정치 · 경제적으로 종속을 강요당하고 있었기 때문에 국민의 생활 수준이 낮았다. 따라서 음차에 대한 반대도 강렬하여 1744년 당시 지도자였던 포브스 경卿은 식사할 때에 차가 반드시 필요한 것은 아니며 가격도 비싸고 시간을 낭비하게 할 뿐 아니라 사람을 나약하게 한다고 비난하였다. 그러자 이에 호응하듯이 스코틀랜드 전지역에서 '차의 위협'을 제거하려는 열렬한 국민 운동이 일어났다. 도시, 교구敎區, 주州에서 모두들 중국 차를 비난하는 동시에 차보다는 맥주야말로 남성적 매력을 갖게 하는 음료라는 점을 강조한 결의안을 채택하였다. 또 에어서(Ayrshire:스코틀랜드 남서부의 舊

州)의 소작인 일동도 다음과 같은 결의를 표명하였다.

우리 농민들이 외국에서 들어온 '차'라고 불리는 사치스런 기호품에
빠지지 않도록 억제할 필요는 없다고 생각한다. 왜냐하면 차를 마시
고 있는 상류 계층 대부분이 허약한 체질이 된 것을 보면 차는 사람들
을 건강하고 남성적으로 만드는 데에 부적당한 음료라고 단언하지 않
을 수 없다. 그러므로 우리들은 차를 반대하는 동시에 나약하고 태만
하며 쓸모 없는 사람이 되고 싶은 자들에게는 마음대로 차를 마시라
고 말해 주고 싶다.

여기에는 차를 매개로 한 스코틀랜드 인의 반反잉글랜드 감정
(스코틀랜드 인은 켈트 족이고 잉글랜드 인은 앵글로 색슨 족으로 혈통
이 다름) 외에도 잉글랜드의 음차 풍속에 물든 상류 계층에 대한
농민의 반감이 잘 표현되어 있다. 원래 육체 노동을 하지 않는
상류 계층의 사람들이 허약한 신체를 갖게 되는 것은 어떻게 보
면 당연한 일인데도 그것을 음차의 탓으로 돌려 차를 공격하고
있는 점에서 농민의 감정이 선명하게 노출되어 있어 흥미롭다.
  여기에는 농민뿐만 아니라 의사들도 가담하여 호응하였다.
1730년에 스코틀랜드의 의사 토마스 쇼트 박사는 『차에 관한 논
고』를 간행하였는데, 여기에서 그는 차의 효용에 대한 환상적인
믿음을 갖는 것에 강력하게 반대하고 차가 우울증과 기타 여러
불쾌감에 빠지게 만드는 유해한 음료라고 단정지었다.

음차의 고난과 영광

한편 영국 국내에서도 1745년경에 차에 관한 논쟁이 일어났다. 부인의 차 애호 취미가 '가정 파괴의 원흉'이라고 한 『여성 스펙테이터』지와 같은 주장도 있었지만, 가장 큰 반향을 불러온 것은 감리교회를 창설한 존 웨슬리(John Wesley, 1703~91)의 반대론이었다. 그는 신자들에게 차는 육체적으로도 도덕적으로도 유해하므로 마시지 않는 것이 좋다고 설교하였는데, 그것은 그의 체험에 의한 것이었다. 그는 1748년 12월 10일자 '친구에게 보내는 차에 관한 편지'에서 다음과 같이 말하였다.

기억해 보면 옥스퍼드에서 몇 개월 머문 후의 일이니 그럭저럭 29년 전의 일이네. 놀랍게도 중풍 증상이 있었는데 특히 아침 식사 후에 손이 떨려 곤란했던 적이 많았지. 그래서 아침 식사 때 마시던 차를 끊고 나니 신기하게도 손 떨림이 일어나지 않았어. 같은 증세로 고민하던 사람들도 찻잎의 양을 줄이고 우유와 설탕을 많이 넣어 차를 마셨더니 역시 떨리는 증상이 나았다고 하더군.

그러나 웨슬리는 그후에도 계속해서 차를 마셨으며 때때로 떨리는 증세가 나타났다. 그런데 당시에 차가 널리 애음되어 보다 자세하게 조사한 결과, 런던에 거주하고 있는 많은 사람들이 한결같이 '정신이 쇠약하고 체력이 완전히 쓸모없이 되어' 곤란해하고 있다는 것을 알게 되었다. 그들이 차를 마심으로 인해 가난해지고 게다가 육체적인 고통까지 느끼고 있다는 것은 실로 안타까운 일이었다. 그래서 웨슬리는 몸소 차를 끊는 모범을 보이는 동시에 박애주의를 실천으로 옮길 결심을 하였다.

그리하여 1746년 7월 6일 일요일, 웨슬리는 런던 협회의 회원을 소집하여 그들에게 앞으로 차를 끊을 것과 그렇게 해서 절약

그림9 웨슬리의 티 포트

한 돈을 빈민들의 빵과 옷을 마련하기 위한 자선 사업에 기부할 것을 제의하였다. 그러나 실제로 차를 끊는 일은 매우 힘들었다고 그는 편지에 적고 있다. 일요일부터 차를 끊기 시작해서 3일 간은 계속해서 두통이 일었고 불면의 밤이 지속되었다. 수요일 오후가 되자 드디어 모든 기억을 잃어버리게 되어 어쩔 도리 없이 신에게 도움을 청하는 기도를 드렸다. 그런 다음날 모든 증상이 사라지고 원래대로 원기 있는 몸이 되었다고 한다.

협회는 당시 약 100명의 회원을 확보하고 있었는데 이들은 '성서와 이성의 힘에 따라' 즉시 차를 끊었다. 그래서 10일 이내에 30파운드를 저축하였고 그 해 말까지 모두 250명의 빈민을 구제할 수 있었다고 한다. 청교도의 금욕주의가 박애주의와 손잡고 음차의 풍속을 공격한 것은 그런 대로 일리가 있다고 생각되는데, 웨슬리의 경우에는 만년에 의사의 권유로 다시 차 애호가가 되어 결국 모처럼 일어난 금차禁茶 운동도 용두사미로 끝나고 말았다. 만년에 그는 다시 차를 애음한 것으로 알려졌는데,

런던의 감리교회 선교사들이 매주 일요일 아침 식사를 위해 그의 집에 모이게 되었을 때 그는 큰 티 포트, 즉 저 유명한 도기왕陶器王 조사이어 웨지우드(Josiah Wedgwood, 1730~95)가 특별히 그를 위해 제작한 티 포트로 손수 차를 서비스했다고 한다. 따라서 용두사미로 끝났다기보다는, 차를 부정하려고 해도 부정할 수 없었던 그의 고뇌와 18세기 영국의 상황을 엿볼 수 있는 일화라고 하겠다.

노동자에게는 진보다 차를

또 한 사람 차를 반대했던 유명인으로는 당시 경제학자 · 농학자로 알려진 아서 영이 있는데, 그는 음차가 국민 경제 전체에 악영향을 미치고 있다고 주장하였다. 특히 남자가 부인들처럼 차를 식료품으로 마시는 습관이 확산되는 것은 한심스러운 일이며, 노동자가 티 테이블에서 시간을 낭비하고 농사를 짓는 하인들까지 아침 식사에서 차를 요구하는 것은 당치 않으며, 만약 그들이 앞으로도 차 마시는 데에 시간을 낭비하고 계속해서 그런 좋지 않은 음료로 건강을 해친다면 그들은 지금보다도 더 어려운 생활을 하지 않으면 안 될 것이라고 경고하였다. 또 런던 상인 조너스 헌웨이는 온건한 인품의 소유자였음에도 불구하고 특히 차에 관해서만은 상당히 격렬하게 공격한 것으로 알려졌다. 그는 1756년 『8일간의 여행기』에서 차가 "건강에 유해하고 공업의 발전을 저해하며 국민을 빈곤에 빠뜨린다"고 단언하였다.

대체로 18세기 초부터 중엽에 이르는 기간은 농업 기술의 개량과 경지 면적의 확대를 동반한 농업 혁명에 의해 매년 풍작이 계속되고 그 결과 영국의 농민과 노동자의 실질 소득이 현저하게 상승한 시기이다. 실질 소득의 상승은 노동자를 나태와 사치한 생활로 이끌었다. 차, 설탕, 담배, 기타 고가의 외국 상품에 대한 국내 수요가 증가하는 한편, 노동자는 고임금으로 나태해졌다. 이에 노동자에게 고임금을 주는 것은 좋지 않으며, 그들을 가난한 상태로 내버려두어야 노동으로 내몰 수 있다는 고임금 반대론이 아서 영 등에 의해 주장되는 한편, 고임금은 국내 수요를 증대해 생산을 자극하기 때문에 생산력의 발전에 오히려 유익하다는 고임금 옹호론이 제임스 스튜어트 등에 의해 제창되어 양자의 주장이 정면으로 대립하였다.

결국 고임금은 국내의 유효 수요를 증대시켜 노동력 절감을 위한 기계 발명과 기업화를 가져왔고 이로 인해 영국에서는 세계 최초의 산업 혁명이 일어났다. 차에 대한 반대도 일시적인 효과가 있었는지는 모르지만 일반적인 소득 증대 속에서 18세기에 이르러 차는 사치품에서 대중 음료로 보급 정착하게 되었다.

18세기에 경제학자로서 특히 차를 애호한 사람은 잘 알려져 있지 않지만 문학가로서는 존슨(Samual Johnson, 1709~84) 박사가 유명하다. 존슨 박사는 "차로 저녁을 즐기고 차로 한밤의 위안을 삼으며 차로 아침을 맞는다"고 할 정도로 애음가였으며 그의 찻주전자는 식을 겨를이 없었다고 한다. 차가 그를 건강하게 해주었는지 아니면 그가 본래 타고난 건강체였는지는 알 수 없지만, 어떤 전기 작가는 "그의 건장한 육체적 풍모는 폴리페모스(polyphemus: 그리스 신화에 나오는 외눈박이 거인)를 닮았다"고 하였다. 존슨 박사 외에도 차를 칭송한 문인·시인은 적지 않다. 애디슨, 포프(Alexander Pope, 1688~1744), 콜리지(Samual Tayler Coleridge, 1772~1834), 카우퍼가 바로 그들이다. 1802년에 창간된 『에든버러 리뷰(Edinburgh Review)』의 초대 편집자였던 시드니 스미스(Sydney Smith, 1771~1845)는 "차를 내려 주신 신에게 감사드린다. 차가 없는 세상은 생각조차 하고 싶지 않다. 차가 발견되기 이전에 태어나지 않은 것을 기뻐한다"라고 최상의 표현을 써서 차를 칭송하였다.

어쨌든 18세기 말이 되면 차에 대한 반대론은 자취를 감추고 노동자에게는 진보다 차가 더 건전한 음료라는, 18세기 초부터의 적극적인 긍정론이 점차 차의 보급을 촉진시켜 마침내 차에 대한 저항은 사라지고 말았다.

아라비아의 음료, 커피

영국에 홍차가 정착하는 과정에서 또 한 가지 염두에 두어야 할 문제는 다른 음료와의 경쟁 관계이다. 즉 17세기 중엽부터 18세기 초에 이르기까지 영국에서는 차·커피·초콜릿 세 가지 외래 음료가 동시에 도입되어 서로 경쟁을 하고 있었는데, 무슨 이유로 차가 다른 음료를 누르고 우위를 점할 수 있었는가 하는 문제가 바로 그것이다. 이 세 음료는 17세기 중엽을 전후해 거의 동시에 들어왔는데 그 과정을 먼저 간단히 설명하겠다.

커피의 원산지가 에티오피아라는 것은 오늘날 누구나 다 알고 있는 사실이지만, 그것이 어떻게 중동中東, 특히 터키의 음료로

그림10 콘스탄티노플의
커피 하우스

정착되었는지에 대해서는 잘 알려져 있지 않다. 11세기경에 한 아라비아 인 의사가 커피는 졸음을 없애 주고 위胃에 특효가 있다는 것을 문헌상으로 남겼다고는 하지만, 15세기 중엽까지는 아직 커피가 도입되지 않았다는 견해도 있어 그 정착 과정에 대한 자세한 내용은 알려져 있지 않은 상태이다. 홉슨 · 존슨 (Hobson · Jobson)의 『영인구어사전英印口語辭典』에 의하면, 커피는 15세기에 아테네에서 메카, 카이로, 다마스쿠스, 알레포를 거쳐 콘스탄티노플로 전파되었고 아라비아 인들이 즐겨 마셨다고 한다.

콘스탄티노플에는 1554년에 최초의 커피 하우스가 생겼다. 레반트 지방과 무역을 한 사람들이 이탈리아 상인이었으므로 유럽에서는 먼저 이탈리아로 커피가 들어왔다. 커피가 이탈리아에 처음 수입된 것이 1580년의 일이므로, 동방으로 여행한 사람들을 제외한 일반 유럽 인들은 16세기 후반까지 커피에 대해서는 모르고 있었다. 17세기 초에 이르러 아시아와 중동으로 진출한 영국 · 네덜란드의 무역 상인이 비로소 커피에 주목하였다. 그러나 커피가 아프리카 남단의 희망봉을 돌아 유럽에까지 정기적으로 수입되게 된 것은 17세기 중엽에 이르러서였다.

호기심이 왕성했던 영국에 유럽 최초로 커피 하우스가 출현하였다. 옥스퍼드에는 1650년에, 런던에는 1652년에 처음으로 커피 하우스가 생겼다. 이어서 1671년에는 유럽 대륙 최초로 마르세유에 커피 하우스가 생겼고, 1년 뒤에는 파리에, 다시 11년 뒤에는 빈에 커피 하우스가 나타났다. 장 레크랑이 쓴 「파리에서의 커피와 카페」라는 논문에 의하면, 프랑스에는 이미 1644년에 콘스탄티노플로부터 마르세유로, 1657년에는 이집트로부터 파리로 커피가 들어왔다. 이처럼 커피가 유럽으로 들어온 정확한 연대는 확실하지 않지만 17세기 중엽에 중국 차와 동시에 혹은 조금 늦게 들어왔던 것으로 보인다.

커피의 첫 공급지는 아라비아 반도의 모카였다. 이 방면의 무역에 종사하였던 이는 네덜란드 동인도 회사 및 영국 동인도 회사의 사람들이었다. 당시 영국 동인도 회사의 기록에 커피의 매입과 판매에 대한 최초의 기록이 보이는 것은 1660년이 그 처음이었고, 그후 17세기 말에서 1730년경까지는 앞서 제시한 영국 동인도 회사의 주요 수입품 통계표(〈표1〉)에서도 분명히 드러난 것처럼 차보다도 커피의 수입이 압도적으로 많았다. 요컨대 영국인들은 차보다도 커피를 더 애호하였던 것이다. 네덜란드 동인도 회사도 커피를 수입하였는데 네덜란드는 1680년대 무렵까지도 커피 마시는 법을 몰라 영국인들로부터 커피 마시는 법을 배웠다고 하니, 차와 달리 커피에서는 네덜란드가 영국보다 뒤져 있었던 것이다.

국제 경쟁에서 커피의 패배

그런데 18세기 초부터 세계 커피 시장에 커다란 변화가 일어났다.

우선 커피의 생산과 공급 측면에서 보면, 네덜란드가 17세기 말에 자바, 실론(Ceylon: Sri Lanka의 옛 이름)에 커피를 이식시킴으로써 1713년부터 자바 커피가 유럽으로 수입되기 시작하였다. 그리고 1730년까지 자바 커피가 모카 커피보다 가격을 낮추는 데에 성공하여 네덜란드는 커피 공급의 흐름을 변화시킬 수 있었다. 네덜란드의 이러한 커피 재배와 수출 성공이라는 새로운 변화와 보조를 맞추듯 영국 동인도 회사의 모카 커피 수입은 1720년 이후 급속히 쇠퇴하였고 이를 대신하여 중국 차의 수입이 현저한 증가 추세를 드러냈다. 다시 말하면 외래 음료 가운데 차보다도 커피가 영국에 먼저 보급되었지만, 커피의 공급 확보라는 국제 경쟁에서 영국이 네덜란드의 자바, 실론의 재배 커피에 지고 말았다는 것이다.

커피의 국제 경쟁에서 뒤진 영국은 어쩔 수 없이 아시아 무역의 주력 품목을 커피에서 중국 차로 전환하였다. 이러한 국제 정세의 변화에 호응하듯 영국에서는 월폴(Robert Walpole, 1676~1745)이 1723년에 차의 관세를 약 20% 낮추었다. 이는 차의 가격 하락을 가져와 차의 급속한 보급에 공헌하였다. 또한 1745년에는 펠함(Pelham)이 관세를 도매 가격의 25%까지 대폭 낮추었다. 그 결과 차의 가격이 현저하게 하락하여 18세기 초에 1파운드 당 17실링 반 하던 차가 1750년에는 8실링 정도로까지 떨어졌고 그에 따라 하층 노동자에게까지도 차의 수요가 확대되었다. 한편 커피의 관세와 소비세도 인하되었지만 현지에서의 커피 매입 가격은 1711년에 55~67스페인 달러, 1718년에 101스페인 달러, 1735년에 120~130스페인 달러로 대폭 상승하여 차와 비교해 볼 때 커피의 가격이 상대적으로 높았다. 상품의 가격에 따라 기호품에 대한 선택이 변하는 것은 당연한 일이다.

1752년	60,000
1772년	449,880
1780년	735,392
1790년	1,783,740
1808년	29,528,273

〈표 4〉 자메이카에서 영국으로의 커피 수출(단위: 무게 단위의 파운드)

그렇다고 영국이 커피를 단념한 것은 아니었다. 서인도제도에서 커피 재배가 가능하다는 것을 안 영국은 자메이카에서 커피 플랜테이션(plantation)을 시작하였다. 영국령 서인도제도에서 중추적 위치를 차지하였던 자메이카 섬은 영국이 1655년에 스페인으로부터 빼앗은 것이다. 처음에는 이곳에서 스페인에게서 이어받은 초콜릿 재배를 하여 17세기 후반에 영국으로 들여와 사람들에게 사랑을 받았으나, 1727년에 허리케인으로 코코아 플랜테이션이 전멸되었다. 1732년에 자메이카 정청政廳은 전멸된 코코아 플랜테이션을 대신하여 커피 재배를 장려할 것을 정부에 요청하였고 이에 커피 재배가 시작되었다. 그러나 자메이카 커피의 영국 본국으로의 수출은 그다지 순조롭지 않았으며, 18세기 말이 되어서야 겨우 본격적인 수출이 시작되었다(〈표4〉 참조). 그렇지만 그때는 이미 차와 커피의 승부가 끝난 후였다.

1785년경에 출판된 『커피에 관한 논고』에 의하면, 커피를 마시는 사람들은 당시 극히 소수에 한정되었다. 왜냐하면 커피는 대단한 사치품으로 대중적인 음료가 아니었기 때문이다. 그러나 커피 관세가 인하되면서 커피는 대중이 손쉽게 구입할 수 있는 음료가 되었다. 커피 마시는 법이 당시 어떻게 변화되었는지에 대한 다음의 기록은 매우 흥미롭다.

많은 영국 사람들이 오랫동안 커피에 겨자(mustard)를 넣어 마셨다. 아라비아 등 동방의 여러 나라 사람들은 정향丁香 · 시나몬 · 가다몬드의 향료를 넣어 마셨지만 우유와 설탕은 결코 넣지 않았다. 그러나 지금에 와서는 유럽, 아메리카, 서인도제도에서 향료를 넣지 않고 우유와 설탕을 넣어 마시는 것이 일반적이다.

'신의 음료' 코코아의 탈락

차가 중국으로부터, 커피가 아라비아로부터 유럽에 유입된 반면, 코코아는 신대륙으로부터 유입되었다. 즉 코코아는 스페인 사람 꼬르떼즈(Cortez)가 신대륙 멕시코에서 발견한 것이다. 16세기 초에 꼬르떼즈가 발견한 당시 카카오는 인디언들에 의해 '신의 음료'라고 높이 평가되고 있었을 뿐 아니라 화폐로도 사용되고 있었다. 즉, 카카오 열매 10개로 토끼 한 마리를, 100개로 노예 한 명을 교환할 수 있었고 추장에게 바치는 공납도 카카오로 하였다.

그 정도로 카카오가 귀중하였기 때문에 일반 사람들은 옥수수가루로 만든 '아트레'라는 일상의 음식에 카카오를 향료로 조금 섞어 먹는 정도였다. 오직 부자들만이 '초코라톨'이라고 하는 음료를 마셨다. 이 '초코라톨'은 유럽 인들이 나중에 '초콜릿' 또는 '코코아'라고 부르게 된 음료와는 전혀 다르며, 옥수수와 카카오 열매를 맷돌에 갈아 고추를 넣어 끓인 것이다. 이것은 스페인 사람들의 입에 도저히 맞지 않았기 때문에 오랫동안 유럽인의 관심을 끌지 못했다.

코코아가 유럽에 처음 선보인 것은 16세기가 저물 무렵이었다. 이윽고 스페인 사람들은 코코아에 설탕을 넣고 바닐라나 시나몬을 섞으면 맛있는 음료가 된다는 것을 알았다. 이러한 새로운 음용 방법을 개발한 것은 과나카 수녀원의 수녀였다고 한다. 이렇게 만들어진 코코아 및 그것을 재료로 하여 만든 초콜릿 케이크는 스페인이 그 비법을 독점하였다.

얼마 후 코코아는 이탈리아로, 이어서 프랑스로 확산되었다. 1660년에 스페인 왕 필립 4세의 딸 마리 테레즈가 프랑스 왕 루이 14세와 결혼하면서 스페인으로부터 코코아를 가지고 온 것이 계기가 되어 코코아는 프랑스에서 궁정과 상류 계층 사이에 유행하는 새로운 음료가 되었다. 그런데 코코아를 마신 자작 부인이 악마처럼 까만 남자아이를 출산하였다는 이상한 소문이 돌면서 코코아는 프랑스 궁정에서 그 자취를 감추게 되었다. 같은 시기에 코코아는 네덜란드, 특히 암스테르담에서 대중적인 음료가 되었다. 영국에도 이와 비슷한 시기에 코코아가 유입되었는데, 스페인이 멕시코에서 수출을 금지시키고 있었으므로 초기에는 베네주엘라로부터 밀수하였고 이어서 옛날 스페인령인 자메이카로부터 수입하여 상류 계층 사이에서 진귀한 음료로 사랑받았다.

그런데 거의 동시에 들어온 외래 음료인 차·커피·코코아 가운데 영국에서 그 세력을 먼저 잃은 것은 코코아였다. 일설에 의하면 1702년 런던에 커피 하우스가 3,000곳이나 있었던 데 비해 초콜릿(코코아) 하우스는 겨우 다섯 곳밖에 없었다고 한다. 게다가 코코아는 한 잔에 2펜스로 커피나 차의 가격보다 두 배나 비쌌다. 문예 평론가 애디슨에 따르면 유행을 좇는 당대의 귀부인들은 매일 아침 코코아를 마셨지만, 중산 계층 이하의 사람들에게는 가격이 너무 비쌌기 때문에 확산되지 못했다고 한다.

게다가 코코아에 더욱 치명적인 상처를 안겨 준 일이 일어났으니 그것은 1727년에 자메이카를 비롯한 서인도제도에 엄습한 허리케인이었다. 이 때문에 영국령의 코코아는 전멸되고 말았다. 코코아는 중상주의적 보호 정책에 따라 보호되던 식민지 특산품이었기 때문에 거의 유일한 공급지였던 자메이카가 궤멸되자 자연스럽게 영국 사람들이 애용하는 음료에서 멀어지고 만 것이다. 그후 코코아는 주로 케이크를 만드는 데 사용되는 것으로 그 명맥을 유지하게 된다. 어쨌든 네덜란드, 영국, 프랑스가 세계의 상업 패권을 둘러싸고 격렬히 싸운 중상주의 시대를 감안하여 생각한다면 영국이 차, 커피, 코코아 세 음료 중에 차에 의지하게 된 것은 당연한 결과라고 하겠다.

괴혈병과 차

차가 영국인들에게 사랑받은 또 하나의 이유는 그것이 영국적 풍토에서 비타민 C의 적절한 보충원이 되었기 때문이라는 설이 있다.

필자는 의학적 지식이 부족하므로 의학 박사 모로오카(諸岡 存)의 설을 소개하는 것으로 대신하도록 하겠다. 모로오카 박사는 「차의 약치사藥治史」(『차업조합창립오십주년기념논문집』 제2집, 차업조합중앙회의소, 소화 12년)에서 차가 영국에 수용된 것은 괴혈병에 특효가 있었기 때문이라는 주장을 다음과 같이 전개하였다.

영국 선원이 세계 각지를 항해하면서 식민지 경영에 종사하고 무역과 해군을 확장시키면서 선원들은 육식, 특히 소금에 절인 쇠고기를 오랫동안 상식常食하였기 때문에 소위 괴혈병이 속출하였다. 그 증상은 주로 피하 및 잇몸에 출혈이 나타나고 심한 구취가 생기는 것이다. 어른의 경우 주로 선원에게 나타나고 어린이의 경우는 불완전하게 소독된 우유를 먹은 유아에게서 나타난다. 주로 6개월 내지 8개월 된 유아에게 이러한 증상이 나타나는데 일반적으로 근력이 약해지고 특히 피하에 통증을 호소하면서 걷는 것이 힘들게 되고 결국에는 발에 부종이 생긴다. 유아가 성장하여 이가 나게 되면 이와 잇몸의 경계에서 출혈이 발생하고 악취가 난다. 괴혈병에 걸린 환자가 갑작스럽게 힘을 쓸 경우 심장마비나 출혈로 급사하는 경우가 있다. 이러한 현상은 영국 선원들에게서 많이 나타났으며 그들은 해상권을 유지하기 위해 전력을 다하는 동시에 이러한 현상을 방지하기 위해 애썼다.

　차가 선원과 아이들의 괴혈병뿐 아니라 일반 국민의 건강 증진, 특히 술과 육류의 중독 해소에 효과가 있다는 사실이 알려지자 음차의 풍습이 놀라울 정도의 기세로 영국 전지역에 확산되었다는 것이다. 모로오카의 이와 같은 설說에 대해 역사가의 입장에서 몇 가지 의문을 제기하면 이러하다.

　첫째, 모로오카 박사는 같은 논문에서 중국 문헌을 다수 인용하여 중국에서의 차의 약용 효과를 상세히 논증하였는데 영국과 관련해서는 차가 괴혈병에 효과가 있었다는 실증적인 사료를 제시하지 않았다. 17세기 중엽에 차가 처음 약으로 판매되었을 때 차로써 치료 효과를 볼 수 있는 증상으로 십여 가지의 병명이 등재되었고 그 속에 괴혈병이 포함되어 있었던 것은 틀림없지만, 이후 괴혈병의 예방을 위해 차가 약으로서 권장되었다는 실례는 필자가 알고 있기로는 아주 없지는 않지만 극히 적었다. 다만 소금에 절인 고기와 술이 주종을 이루고 신선한 야채가 부족하였던 18세기 영국에서 시금치와 아스파라거스 등과 함께 차가 귀중한 비타민 원이었을 것이라는 점은 어렵지 않게 상상할 수 있다.

　그렇다고 하더라도 농림성農林省 차업시험장茶業試驗場의 호시노(星野胤夫)가 1934년(쇼와 9년)에 차의 비타민 C 함유량을 분석한 결과에 의하면, 녹차는 종류에 따라 약간의 차이는 있으나 1그램에 비타민 C가 1만 분의 3에도 못 미치는 양이 함유되어 있는 데 비해 홍차에는 비타민이 전혀 함유되어 있지 않다.

영국에서는 18세기 초까지는 녹차의 비중이 컸으나 후반으로 가면서는 홍차가 녹차를 능가하였다는 것을 앞서 살펴보았다. 그렇다면 비타민 C를 함유하지 않은 홍차의 수요가 증가하였다는 사실을 어떻게 이해하면 좋을까? 따라서 괴혈병에 대한 대응으로 영국의 차 무역이 촉진되었다는 모로오카의 주장은 설득력이 부족하다고 하겠다.

여기서 잠깐 차에 대한 이야기를 접고 괴혈병의 역사에 대해 살펴보기로 하자. 바스코 다 가마(Vasco da Gama, 1469?~1524: 포르투갈의 항해가. 서유럽에서 희망봉을 거쳐 아시아로 가는 해로를 개척함)가 아프리카 남단을 돌아 처음 인도로 탐험 항해를 떠났을 때 그 승선 인원의 절반 이상이 괴혈병으로 죽었다는 사실은 잘 알려져 있다. 당시에는 사인死因을 알지 못했으며, 그 원인이 식사와 관련이 있다는 사실을 알기까지는 상당한 시간이 걸렸다. 그러나 그것도 신선한 음식물이 부족하였기 때문이라고 제대로 원인을 파악해 낸 것이 아니라 너무 짠 음식을 많이 섭취하였기 때문일 것이라고 잘못 판단하고 있었다. 그러다 1600년경에 이르러서야 녹색 식물과 감귤 류의 주스를 섭취하면 괴혈병이 치료될 수 있다는 사실이 알려졌다. 그러나 문제는 어떻게 그 비싼 생야채와 그것으로 만든 주스를 배에 싣고 다니며, 또 그런 것들을 선적할 경우에 과연 선주에게 채산성이 있겠는가 하는 것이었다.

영국에서 생활해 본 사람이라면 누구라도 영국인이 야채를 적게 섭취한다는 것을 느낄 수 있었을 것이다. 외국에서 야채와 과일이 비교적 많이 수입되는 지금도 일본과 비교할 때 영국인이 섭취하는 야채의 양이 적은데, 하물며 17, 18세기에는 어떠하였겠는가? 당시에는 야채의 가격이 무척 비쌌다. 그리하여 대부분의 사람들은 한랭한 겨울 몇 개월 동안 신선한 야채와 과일을 섭취하지 못했으며 이로 인해 그들 절반은 영양 실조에 걸렸다. 실정이 이러하였으므로 원양 선박의 선원에게 야채와 과일이 필수적이기는 하지만 선주의 입장에서 볼 때 야채와 과일을 선적하게 되면 채산성이 맞지 않는다는 것 또한 명백한 사실이었다.

중국인은 이미 5세기경부터 원양 항해를 준비하기 위해 배의 갑판 위에 신선한 생강을 재배하기 위한 화분을 실었다고 한다. 네덜란드는 동남 아시아에서 중국으로부터 야채와 감귤류의 주스가 항해용 식사로서 얼마나 중요한가를 배웠다. 아마 중국의 녹차도 괴혈병에 효과적인 약초 중의 하나였음에 틀림없다. 확실히 중국 사람들이 옛날부터 행해 왔던 것처럼 배 위에서 야채를 재배하는 것도 하나의 방법이기는 하였다. 그렇지만 선주들은 경영 효율이라는 측면에서 야채 재배를 위해 배의 공간을 그만큼 확보하려 하지 않았다. 더구나 감귤 주스를 싣는다는 것은 경제적으로 더더욱 합당하지 않았다.

단, 영국 해군의 경우는 달랐는데 18세기에 해군성海軍省은 원양 항해를 할 경우 수병들의 괴혈병을 예방하기 위해서 5~6주가 지나면 일정량의 레몬 주스를 매일 마시게 하도록 지시하였다. 그 결과 영국 해군의 사망률이 급속히 낮아졌다. 수병들은 그 레몬 주스를 애칭하여 그로그(grog: 럼주 또는 브랜디에 설탕, 레몬, 더운 물을 섞은 음료)라 불렀으며 이것이 배급되는 때가 그들의 하루 생활 중 최고의 시간이었다. 레몬 주스가 비쌌기 때문에 럼주에 타서 나누어 주었는데, 그것이 오히려 수병들에게 환영을 받았던 것이다.

'그로그'라는 이름은 이 음료를 발명한 멋쟁이 제독 바논의 별명에서 따온 것이다. 바논 제독은 흐린 날에는 언제나 그로그램(grogram: 거친 견과 양모로 짠 직물)으로 만든 오래된 외투를 입었기 때문에 '올드 그로그'라는 별명을 가지고 있었다. 그가 1740년에 럼주에 레몬 주스를 섞어 만든 음료에 그의 별명을 붙인 것이 그로그인 것이다. 그러나 럼주를 마시고 취해 있으면 유사시에 대처할 수 없으므로 1795년 이후에는 럼주와 레몬 주스에 물을 탄 새로운 그로그로 대체하였다. 『영일사전英日辭典』에서 그로그에 대해 찾아보면, '독한 술'이라는 뜻 외에도 '물을 섞은 술'이라는 풀이가 있는 것은 바로 이러한 역사적 배경에서 나온 것이다.

요컨대 차 무역이 괴혈병의 예방을 위해 촉진되었다는 것은 다소 억지스런 면이 없지 않다.

3
홍차 문화의 빛과 그림자

놀라운 동양의 식사 문화

16세기에 배를 타고 동양으로 건너온 유럽 인을 놀라게 하였던 것은 무엇보다 중국과 일본의 훌륭한 요리와 그 먹는 법, 즉 매너였다. 린스호텐은 『동방안내기東方案內記』(1596)에서 중국 요리에 대한 놀라움을 감추지 못했다. 그는 중국 요리를 접하고 느낀 경외감을 다음과 같이 표현하였다.

식탁 중앙에 잘 만들어진 요리를 순서에 따라 늘어놓는다. 요리는 정성껏 멋지게 만들어 아름다운 자기와 은그릇에 담는다. 생선과 고기는 가시와 뼈를 모두 발라내고 어떤 것이든 요리는 미리 썰어 낸다. 요리는 결코 손으로 집어서는 안 된다. 둥글게 만든 두 개의 검은 나무(젓가락)로 집는다.…… 중국 사람들은 그것을 포크 대신 사용하는데, 그것을 매우 능숙하게 다루어 (음식물을) 한 조각도 흘리지 않는다. 따라서 더러운 것을 닦을 냅킨이나 수건 등은 전혀 사용하지 않는다.

유럽 인이 처음 중국 요리를 접하고 놀란 것도 무리는 아니다. 당시 유럽의 식사 문화는 재료 면에서나 조리 방법 면에서나 빈곤하였다고 해도 과언이 아니다. 그저 무조건 양만 많으면 호화스런 식사인 줄 알고 있었을 뿐, 양념이나 조리 방법을 바꾸어 취향에 맞는 요리를 한다는 것은 생각지도 못하고 있었다.

중국에서는 5세기에, 아라비아에서는 11~12세기에 이미 요리 문화가 발달해 있었다. 이에 비해 서양의 경우는 15세기가 되어서야 비로소 아라비아의 영향을 받은 이탈리아에서 조리에 대한 연구가 이루어졌고, 16세기 이후에야 프랑스가 요리의 본고장으로서의 면모를 갖추게 되었다.

그렇다면 중세 유럽 인의 식사는 어떠하였을까? 농목업에 의존하였던 중세 유럽 인은 목초와 사료가 부족한 겨울에는 가축의 수를 제한하지 않을 수 없었다. 그래서 겨울을 대비해 일정 수의 가축을 도살하였고 그 고기를 소금에 절여 보관하였다. 소금에 절인 고기를 1년 내내 먹어야 했으므로 그 요리법도 자연히 어떻게 하면 고기 냄새와 소금기를 없앨 수 있을 것인가에 관심이 모아졌다.

결국 그들이 발견한 조리 비법이라는 것은 후추, 생강, 시나몬, 사프란, 정향 등의 향료를 섞어 맛있는 소스와 푸딩을 만드는 것이었다. 풀 멘타라고 부르는 푸딩이 바로 그것이다. 이것은 우유에 아몬드, 때로는 사프란 향료를 넣어 끓인 된밀가루 죽이다. 그밖에 모트류, 브라만쥬 같은 소스와 푸딩이 첨가되는 것이 보통이었다. 어떤 경우에도 이러한 요리에서는 향료를 빼놓을 수 없다. 이들 향료는 모두 동양의 산물로서 동남 아시아, 인도로부터 멀리 아라비아 상인을 중개로 하여 지중해를 거쳐 유럽으로 들어왔다는 것은 잘 알려진 사실이다.

소금에 절인 고기와 함께 건어물(鱈: 대구)도 있었지만 그것들은 지금 서양 요리에서 나오는 것처럼 수프, 생선, 고기, 스위트(sweet: 후식)로 구성된 코스로 구분되었던 것은 아니고, 테이블 위 접시에 가득 담아 알라카르트(á la carte: 일품 요리) 풍으로 늘어놓고 그것을 각자 손으로 집어먹었다. 식탁에는 예로부터 스푼과 나이프가 있었지만 스푼은 16세기까지는 거의 사용되지 않았다. 스푼의 앞부분은 대부분 나무로 만들어졌고 손잡이 부분은 금속(혹은 銀)이었는데, 그릇에서 음식을 가져올 때는 스푼이 아니라 손을 사용하였다.

나이프의 경우도 마찬가지였는데, 16세기 이전에는 식사에 초대받으면 각자 자신의 나이프를 가지고 갔다. 그것은 앞부분의 폭이 넓고 고전적 타입의 양날 나이프로서 딱딱한 빵을 자르는 데 사용되는 정도였고 뼈가 있는 고기에는 거의 사용하지 않았다. 물 또는 와인을 마시는 컵으로는 주로 돌로 만들어진 컵(고급 제품은 주석으로 만들어졌음)을 썼는데 하나의 컵으로 돌려가며 마셨다.

포크는 발이 두 개 달린 것으로 손님에게 고기를 나누어 줄 때 사용하였다. 그러나 개인용 포크는 없었다. 개인용 포크는 16세기에 베니스에서 사용하기 시작하여 점차 이탈리아로부터 스페인으로 확산되었다. 그러나 영국에서는 1660년 이전까지도 포크를 사용하지 않았다. 포크가 영국에서 일반적으로 사용되기 시작한 것은 1750년경이 되어서였다. 그때까지는 포크 대신 손

그림11 피렌체 성당의 모자이크

그림12 프라 안젤리코 작품

그림13 레오나르도 작품

가락으로 먹었다. 손가락이 더러워지면 냅킨으로 닦고 식탁 위에 놓인 높은 물그릇의 물로 씻었다. 이러한 행동을 식사 중에 몇 번이고 되풀이하였다.

예수의 '최후의 만찬'은 화가들에 의해 여러 차례 묘사되었다. 중세 초기의 작품을 빼고 그 예를 몇 가지 들어보면, 13세기 후반에 그려진 피렌체 성당의 모자이크, 14세기 초 조토(Giotto di Bondone, 1266~1337)의 작품, 14세기 말 비볼드네의 작품이 있으며, 또 15세기 중엽에는 프라 안젤리코(Fra Angelico, 1400~55)가 이것을 주제로 그렸다. 그리고 15세기 말경에 레오나르도 다 빈치(Leonardo da Vinci, 1452~1519)가 밀라노의 산타마리아 델레그라치 성당의 식당에 그린 명작 「최후의 만찬」은 가장 널리 알려진 작품이다. 그런데 이러한 그림들에서 식탁 위를 묘사한 것을 자세히 살펴보면 오래된 그림일수록 식기류의 묘사가 적음을 알 수 있다. 달리 말하자면 다 빈치의 그림이 식기류를 가장 많이 묘사하고 있다고 하겠다. 그러나, 식탁에 각자의 그릇이 있고 중앙에 커다란 요리 그릇이 있으며 띄엄띄엄 나이프가 놓여져 있다고는 하지만 그 그림에도 포크나 스푼은 그려져 있지 않다.

이로써 보건대 근세 초기 유럽의 식사 문화가 대단히 빈곤했음을 알 수 있다. 프랑스 역사학의 태두 페르낭 브로델(Fernand Braudel, 1902~85)은 『자본주의와 물질 생활, 1400~1800년』(1973)에서 "15, 16세기 이전의 유럽의 식습관에서 진정 사치라고 할 만한 세련된 문화는 없었다고 말할 수 있지 않을까? 아마도 이러한 점에서 서양은 다른 세계의 오래된 문명보다 뒤져 있었을 것이다"라고 하였는데, 16세기 초에 일본을 방문한 유럽 인들이 일본의 식사 문화를 보고 받은 충격이 컸음에 틀림없다.

유럽 인이 차를 동양, 특히 일본과 중국에서 발견한 배경에는 동양의 풍부한 식사 문화에 대한 경외와 동경이 있었다. 말하자 면 차는 그 문화를 대변하는 하나의 상징이었고 따라서 찻잎만 이 아니라 다구茶具와 함께 도자기 포트, 차완, 음용 방법, 의례 가 하나의 세트가 되어 그들을 매료시켰던 것이다.

중국의 자기

차와 동시에 중국의 자기가 유럽에 수입되었다. 영국 동인도 회사에 대한 연구로 알려진 런던 대학의 초드리 박사는 다음과 같이 말하였다.

> 17, 18세기에 이루어진 중국 자기의 수입은 유럽에서 차, 커피, 초콜릿 의 소비와 연관되어 나타난 새로운 사회 관습으로서 문화적 미적 측 면을 대표한다.…… 중국 도자기는 짚으로 포장하고 냄새가 없었으므 로 차와 함께 운반하기에 이상적인 보조 화물이었다. 자기를 넣은 차 포장 상자는 중량이 많이 나가기 때문에 배의 안정을 유지하는 데 필 수적인, 무게 나가는 바닥짐으로 선적되었다.

중국 자기는 이미 14~15세기에 유럽 제국의 제왕들의 장식 품 등으로 출현하였는데, 16세기 이후 서구 제국의 동아시아 진 출에 따라 유럽으로 중국 자기가 수출되자 그 수량이 점차 막대 해졌다. 그리하여 17세기 중엽에서 18세기 중엽에 이르는 시기에 자기 수입은 정점을 이루게 되었다. 당시 유럽에서는 중국 자기의 유행이 대단하였는데 그 붐(boom)을 타고 일본에서도 아리다(有田)의 소메쓰게(染付: 쪽빛 무늬를 넣어 구운 도자기)와 가기에몬(柿右衛門)의 아가에(赤繪: 덧칠을 통해 무늬나 그림의 붉은 빛깔이 강하게 나타난 도자기)가 네덜란드를 통해 유럽으로 대량 수출되었다.

중국 자기 생산의 중심지는 말할 것도 없이 징더전(景德鎭)이었는데 그곳의 가마에서 나온 예술적 가치가 높은 명품이 "세계 각지에 전파되어 대단한 찬사를 받았다."(단틀콜 저, 小林太市郎 역, 『中國陶瓷見聞錄』, 동양문고) 차나 초콜릿과 같은 외래 음료를 즐기는 사람들이 고가의 예술품인 중국산 티 포트와 차완 등을 사용하는 것이 당시의 최신 유행이었다. 유럽은 식사 문화뿐 아니라 자기 문화에 있어서도 중국과 일본 앞에 고개를 숙일 수밖에 없었던 것이다.

중국 자기는 처음에 밴텀에서 중국 배를 통해 구입되어 네덜란드를 거쳐 유럽으로 수입된 것이 대부분인데 1717년 이후에는 영국 동인도 회사가 광둥을 통해 활발하게 자기를 구입하였다. 예를 들어 영국은 손잡이가 달린 초콜릿 찻잔, 받침 접시와 세트를 이룬 홍차 찻잔, 티 포트, 우유 단지, 설탕 그릇 같은 것을 특별히 주문 제작하였다. 또한 많은 그릇에 일본풍의 장식 그림을 디자인하도록 주문하였다.

이와 같이 유럽 인들이 동양 문화에 매료되었던 것을 단순히 동양적 취미라고 넘겨 버릴 수도 있지만, 여기에는 분명 미술사에서 드러나는 동양적 취미 이상의 의미가 있다. 네덜란드, 프랑스, 영국 등 17세기부터 18세기 초에 걸쳐 유럽의 여러 나라에 동양 취미가 널리 퍼져 있었음에도 불구하고 그 가운데 차를 선택한 것은 영국이었다. 차와 거의 동시에 들어온 커피에 아라비아 문화의 배경이 있었다고는 하지만 17세기 유럽 인에게 있어 커피는 이미 신비로운 음료가 아니었다. 초콜릿 역시 유럽 인의 우월감을 북돋아 주었지만 그 문화적 배경은 문제되지 않았다.

그런데 동양 문화의 상징인 차는 커피와 초콜릿에 비해 꽤 높은 문화적 수준을 이루고 있었을 뿐 아니라 서양인에게 강한 콤플렉스를 느끼게 하였다. 특히 커피 무역권 장악 경쟁에서 네덜란드에게 패한 영국은 그들의 풍토 조건에 맞는 차를 선택할 수밖에 없었는데, 이것은 중국에 대한 콤플렉스로 작용하였다. 영국에게 있어 이러한 콤플렉스는 충격이었고, 역으로 문화적·경제적 응전을 하도록 영국을 부추기는 계기가 되었다. 이렇게 해서 영국 근대사가 형성되어 갔던 것이다.

영국인의 생활과 홍차

차가 영국인의 국민적 음료로 정착해 가는 과정에서 점차 영국의 독자적인 '홍차 문화'라 할 수 있는 차 문화가 형성되었다. 오늘날 세계의 차 가운데 홍차가 약 80%를 차지하고 녹차는 약 20%일 뿐이다. 녹차를 주로 마시는 지역은 일본, 중국, 타이완 정도일 뿐이고, 대부분의 지역에서는 차라고 하면 홍차를 연상한다. 특히 차의 소비량이 많은 영국에서는 세계 홍차의 약 50%를 소비하고 있다.

실제로 영국 사람들처럼 차를 자주 마시는 국민도 없다. 그들은 아침에 일어나자마자 침대에서 차를 마신다. 영국 호텔에 묵어 보면 아침에 눈을 뜬 아이에게 주는 과자처럼 하루의 시작에 눈을 뜨게 하는 차 한 잔이라는 의미로 룸서비스 차원에서 방에까지 차를 가져다 준다.

영국인의 생활은 이처럼 일어나자마자 마시는 차와 함께 시작된다. 아침에 차를 마신 후 11시가 되면 또 차를 마시고 점심 식사 때에도 차를 마신다. 4시에는 티 타임을 갖고, 저녁 식사 때와 식사 후에도 차를 마시는 등 영국인은 하루에도 여러 차례 차를 마신다. 홍차를 마시는 이와 같은 습관은 11시와 4시의 티 브레이크(tea break)를 만들어 그 시간이 되면 직장에서도 모두들 일을 멈추고 여럿이 모여 환담을 나누며 즐겁게 차를 마신다. 조금만 더 계속해서 일하면 곧 끝날 일도 티 타임이 되면 모든 일을 멈추고 차를 마시러 간다. 이 때 흔히 말하는 밀크 티를 마시는데 보통 티 포트와 따뜻한 우유를 넣은 우유 피처(pitcher)를 양손에 들고 동시에 컵에 따라 마신다. 개성이 강한 영국인은 우유를 먼저 넣느냐 나중에 넣느냐 하는 문제를 둘러싸고 서로의 생각을 내세우며 끊임없이 계속되는 논쟁을 즐기기도 한다.

영국에서는 손님을 청하여 차를 대접하는 일이 많다. 그런 경우 케이크와 비스킷 이외에 치즈 크래커 등 먹을 것을 준비하므로 간단한 식사를 하는 것이나 마찬가지다. 일요일 오후의 하이티(high tea: 일품 요리가 따르는 저녁 때의 차)에 초대받으면 케이크와 샌드위치가 따라나온다. 한마디로 영국인들은 현재 세계에서 홍차를 가장 애호하는 국민이다. 그리고 그 마시는 법, 즐기는 법 속에는 영국 자산 계층의 자부심 높은 기풍이 배어 있다. 이를 총칭하여 '홍차 문화'라고 하며, 이것은 18세기에서 19세기 빅토리아 시대를 거쳐 형성되었다.

홍차를 잘 끓이는 법

19세기 중엽에 출판된 월간 잡지 가운데 『패밀리 이코노미스트(Family Economist)』라는 잡지가 있다. 이것의 한 권 가격은 1펜스로, 중산 계층 내지 하층 중산 계층의 주부를 대상으로 한 이른바 『생활 수첩』 염가판이다. "시작이 좋으면 끝도 좋다", "교육은 제2의 천성", "좋은 기분은 행복의 근원"이라는 격언 등으로 잡지의 표지 둘레를 장식하고, "노동 계급의 도덕적·육체적 가정 생활을 개선하는 데에 도움이 되고자"라고 하는 잡지의 취지를 특별히 표지에 밝힌 것을 보면 사무엘 스마일즈(Saumel Smiles, 1812~1904: 스코틀랜드의 작가)의 『자조自助(self-help)』(1859)의 전범典範에 해당되는, 주부를 위한 가정용 판이라고 할 수 있다.

이 가정 잡지의 1848년 창간호에서는 홍차를 잘 끓이는 법에 대해 주부들을 대상으로 다음과 같은 주의 사항을 자세하게 설명하고 있다.

홍차를 맛있게 마시기 위해서는 무엇보다도 물이 중요하다. 경수硬水는 맛을 떨어뜨리므로 주의해야 한다. 물을 끓이는 주전자는 뚜껑이 꼭 닫히고 물때가 생기지 않는 것이 좋다. 주전자 속에 굴조개 껍질을 넣어 두면 거기에 불순한 미립자가 붙어서 물때가 생기지 않는다.

재질이 좋은 순서대로 티 포트를 열거해 보면 은제, 중국산 자기, 영국산 금속제, 흑색의 웨지우드 자기, 영국산 도자기 순이다. 티 포트에 끓는 물을 부을 때 3인분의 홍차를 만들 경우, 먼저 적당한 분량의 차를 넣고 석 잔 분량의 물을 부어 따른 다음 두 잔 분량의 물을 부어 두면 더 마시겠다는 요구가 있을 때 찻잎을 쓸데없이 낭비하지 않을 수 있다.

찻잎은 양질의 것을 충분히 넣는다. 홍차가 건강에 좋다고 생각하는데 일반적으로 녹차와 섞는 것이 제일 좋다. 1파운드의 잎으로 2쿼트(guart: 약 1.14리터)의 차를 만드는 것이 적당하고 잎을 넣는 방법으로는 반드시 물의 양에 적당한 양을 한 번에 넣는 것이 좋다. 조금씩 잎을 보충해 넣는 방법은 맛을 떨어뜨리므로 피해야 한다.

차를 만들 때는 먼저 잎이 충분히 젖을 정도로 포트에 소량의 끓는 물을 붓고 2~3분 정도 기다렸다가 필요한 양의 물을 넣는다. 5~10분 이상 두지 않는 것이 좋다.

쟁반 위에 포트를 놓을 경우 열이 식지 않도록 양모 매트를 깔아 두는 것이 좋다.

차를 맛있게 마시려면 양질의 설탕과 크림을 사용해야 한다. 컵에 먼저 설탕과 크림을 넣고 그 위에 차를 붓는다. 한층 부드럽게 섞이면서 융화되어 맛이 더욱 좋아진다.

어떻게 맛있는 차를 만들 것인가는 어디서든 주부의 몫이었다. 맛있을 뿐만 아니라 낭비가 없게 하는 것은 가계를 꾸려 가는 주부의 일이었던 것이다. 차를 끓이며 편히 지내는 것은 가장 평화로운 생활의 한 모습이다. 맛있는 홍차를 끓이는 방법에 열중했던 빅토리아 시대의 소시민은 행복했다. 그러나 영국 부르주아 사회의 평화와 행복을 대표했던 홍차도 그 붉은 색이 상징하는 것처럼 그 뒤에는 피비린내 나는 본질을 숨기고 있었다. 홍차의 피비린내 나는 본질이란 무엇인가?

홍차 문화의 특징

18세기 초에 귀부인들이 티 테이블에 모여 앉아 차를 마시기 시작하여 19세기 중엽 노동자와 하층 중산 계층에까지 확산된 차는 그것이 없으면 생활이 시작되지 않을 정도로 영국인의 생활 속 깊이 뿌리내리게 되었다.

그런데 여기에서 뒤돌아보면, 중국을 원산지로 하는 이른바 조엽수림대照葉樹林帶의 대표적인 식물이자 문화였던 차가 유라시아 대륙의 서쪽 끝에 위치한 영국에서 그것도 약이나 진귀한 음료로서가 아니라 국민의 생활 필수품으로 뿌리를 내렸다는 것은 역사적으로 볼 때 매우 기묘한 일이 아닐 수 없다. 이러한 기묘한 역사를 만들어 내게 된 요인이 무엇인가 살펴보면 거기에는 바로 다름 아닌 영국 자본주의의 발달이 있었음을 알게 된다. 그러므로 영국에서 만들어진 차 문화는 중국과 일본이 녹차 문화를 형성한 것과는 달리 자본주의를 배경으로 한 홍차 문화라는 이질적인 특징을 갖고 있다.

그렇다면 홍차 문화의 특징은 무엇인가? 녹차 문화가 특히 일본의 '다도 문화' 로 대표된다고 할 때, 다도는 간소하고 차분한 정취를 내는 정신 문화로서 예도적藝道的인 향기와 윤리성이라는 특징을 나타낸다. 무라이(村井康彦)는 『차의 문화사(茶の文化史)』(岩波新書)에서 일본 차 문화의 특색을 다음과 같이 설명하고 있다.

일본에서 차의 역사는 끽다喫茶라고 하는 일상적인 행위에 일종의 허구를 가미하여 다례茶禮를 만들고 그것을 각종 모임에서 즐기면서 발전하였다. 차의 풍류가 고양되면서 간소하고 차분한 미의식이 추구되었고 그것이 일기일회一期一會(일생에 한 번밖에 못 만나는 인연, 즉 후회하지 않도록 잘 대접하라는 가르침)라는 윤리를 포함하게 되었다. 거기에는 문학(歌論)을 대신해 종교(禪宗)의 우월함이 있었다. 여기까지를 리큐(利休) 시대로 구분한다. 리큐 100년을 거쳐 18세기 초반이 되면 유교적 덕목을 갖춘 윤리 도덕이 강조되어 대중을 이끌 수 있는 세교世敎의 의미까지 가지게 된다. 다도의 양면성, 즉 유흥성이 그 바탕이라면 구도성은 겉면이라 할 수 있는데 세교라고 하는 것은 그 겉면을 극대화한 것이다. 다도가 바로 그것이다.

무라이의 이 같은 요약에는 이견異見이 있을 수 있다. 그러나 여기에서는 우선 녹차 문화가 정신 문화로 전개되었다는 점을 지적한 것으로 만족하기로 한다.

이에 비해 홍차 문화의 특징은, 단적으로 말하면 홍차에 설탕과 우유를 넣어 마시는 방법으로 상징되는 것처럼 '물질적 사치' 혹은 '물질 문화 지향적'이라고 말할 수 있다. 그런데 이 점에 대해서는 좀더 상세한 설명이 필요하다.

오늘날 녹차를 마실 때는 설탕이나 우유를 넣지 않는 것이 일반적인데 비해 홍차를 마실 때는 설탕과 우유가 함께 따라나온다. 물론 홍차에 설탕과 우유를 넣든 넣지 않든 그것은 마시는 사람의 기호에 달린 문제이다. 그렇다고는 하지만 같은 차인데도 녹차와 홍차는 그 마시는 방법이 확연 다르다. 어떻게 해서 홍차에 설탕과 우유를 넣어 마시게 되었을까?

차가 특히 영국에서 음용되면서부터 영국인들은 녹차이건 홍차이건 간에 차에 설탕과 우유를 넣어 마시는 방법을 개발하였다. 차에 우유를 넣어 마시는 방법은 이미 몽고 같은 곳에서는 일반화되어 있었으므로 특별히 영국인이 개발한 독특한 음차법

飮茶法이라고는 할 수 없다. 그러므로 다른 민족의 영향을 받지 않고 영국인들이 그러한 방법을 독자적으로 개발하였던 것인지 아닌지는 확실히 알 수 없다.

　모로오카(諸岡存)는 그의 저서 『차와 그 문화(茶とその文化)』(쇼와 12년)에서 "러시아와 마찬가지로 영국으로 들어간 음차 풍습은 중앙 아시아를 거쳐 터키로 들어갔으므로 그것은 대체로 몽고식 음차법의 형태를 취하게 되었다. 즉 홍차라고는 하지만 우유를 넣은 것은 몽고의 그것이나 마찬가지인 영양 음료로서의 차를 의미한다"라고 하였다. 그러나 우유를 넣어 차를 마시는 법이 중앙 아시아에서 터키를 거쳐 영국으로 들어왔다는 이 설은 필자가 알고 있는 한 자료적 한계 때문에 증명할 수 없다. 어쩌면 그러한 루트와는 아무 관계 없이 유축농업有畜農業을 하던 영국인이 자연스레 차에 우유를 넣게 되었다고도 볼 수 있지 않을까 생각한다.

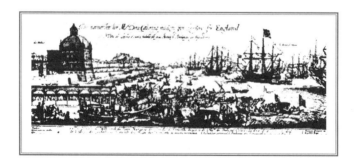

그림14 캐서린 왕비의 가마 행렬

반면 차에 설탕을 넣어 마시는 법은 영국인만의 독특한 방법이라고 할 수 있다. 영국에서 차를 약이 아닌 음료로서 즐겨 마시게 된 데에는 포르투갈에서 시집온 캐서린 왕비가 계기가 되었다는 것은 앞서 말한 바 있다. 캐서린이 배를 타고 영국으로 시집올 때 지참금으로 은괴를 가지고 온다고 약속하였는데 은괴 대신 설탕을 배의 바닥짐(ballast)으로 싣고 왔다. 이에 찰스 2세는 무척이나 놀랐는데, 당시 설탕은 은괴에 버금가는 귀중품이었기 때문이다. 차도 귀중품이었지만 완전히 수입에만 의존했던 설탕의 경우, 1665년 영국의 수입량은 겨우 88톤에 지나지 않았다. 그러나 제아무리 왕후 귀족이라 해도 이 얼마 되지 않는 양이나마 쉽게 손에 넣을 수 없었다. 그러므로 지참금으로 설탕을 가져올만도 하였던 것이다.

설탕을 탄 차

사탕수수의 원산지는 인도이다. 사탕수수에서 채취한 설탕은 알렉산더(Alexander, B.C. 356~B.C. 323) 대왕의 인도 원정에 의해 처음으로 유럽에 알려졌다고 하는데, 고대의 설탕은 근세의 그것과는 차이가 있었을 것이다. 여기에서 설탕의 오랜 역사는 그만두더라도, 중세 유럽 인의 감미료로 주로 꿀이 사용되었다는 것만을 말해 두고 가고자 한다. 스페인에 의해 신대륙이 발견되어 사탕수수는 비로소 카리브 해에서 재배되기 시작하였다. 그런데 스페인은 사탕수수 재배보다는 신대륙의 금·은을 획득하는 데에 더 노력을 기울였다. 곧 스페인에 이어 포르투갈이

1500년에 새로운 식민지 브라질에서 노예 노동을 이용한 사탕수수 재배를 시작하였다. 1550년에 이미 5개의 플랜테이션 농장이 세워졌으며, 그후에도 사탕수수 재배는 계속해서 증대되어 1623년에는 플랜테이션의 수가 350개에 이르게 되었다.

사탕수수 재배의 장래가 유망하다고 생각한 네덜란드는 1635년에 브라질 북부를 침입하여 그곳을 점령하고, 노예 공급원이었던 아프리카 황금 해안을 제압하기 위해 포르투갈과 싸웠지만 1654년에 브라질로부터 다시금 축출되고 말았다. 그리하여 1670~80년경까지는 포르투갈의 식민지였던 브라질이 설탕의 공급을 거의 독점하게 되었다. 캐서린이 포르투갈로부터 자랑스럽게 지참금 대신 설탕을 가지고 온 것도 이러한 배경이 있었기 때문이다.

영국으로 설탕을 공급하는 데는 또 다른 루트가 있었는데, 그것은 바로 동방 루트였다. 16세기 말에는 레반트 회사가 알렉산드리아로부터 설탕을 수입하였고, 17세기 초부터는 영국 동인도 회사가 수라트나 뱅골로부터 자주 설탕 수입을 시도하였다. 설탕 생산의 중심지인 인도의 아그라에서 양질의 값싼 설탕을 대량 입수할 수 있었지만, 인도의 설탕은 가격과 질적인 면에서 브라질 산의 설탕과 경쟁이 되지 못하였다. 그래도 17세기 말에는 동인도 회사의 손을 통해 인도와 동방으로부터 매년 평균 1만 톤의 설탕이 수입되었다.

18세기 초에는 차를 마실 때 반드시 설탕과 우유가 따라나왔다. 당시 설탕은 끝이 둥근 원추형의 막대 설탕 모양이었는데 부엌에서 그 설탕을 두드려 부수고 얼음 집게 같은 강철 핀셋으로

담았다. 그러나 티 테이블에서는 은으로 만든 설탕 집게를 사용하였다. 탄력성이 있는 U자형이 일반적으로 보급되었는데 실용적이라기보다는 차의 속성에 따른 사치와 우아함의 상징에 지나지 않았다.

차 보급과 함께 설탕의 소비량이 현저히 증가하였다. 1744년의 한 보고서(「차에 대한 課稅考」)에서는 양자가 밀접한 상관 관계에 있다는 것을 전제로 하고 설탕의 소비량으로부터 영국의 차 소비량의 추측치를 계산하였다.

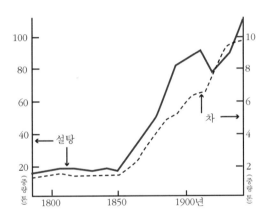

〈그래프1〉 19세기 설탕과 차의 소비량

〈그래프 1〉에서와 같이 차와 설탕의 1인당 소비량을 시기별로 그래프에 그려 보면, 오른쪽 위로 올라가는 두 개의 선은 18세기 말부터 19세기를 거쳐 보기 좋게 병행하고 있음을 알 수 있다. 요컨대 영국의 홍차 문화는 설탕을 보완재로 한 물질 문화로 형성되었다. 중국으로부터 수입된 고가高價의 차를 마시는 것만

제1부 문화로서의 차

도 사치스러운 일인데 신대륙에서 가져온 진귀한 설탕까지 넣어 마신다는 것은 일종의 교만이라고 할 수 있다.

이 같은 사치를 누릴 수 있었던 것은 초기에는 일부 부유 계층에 한정되어 있었지만, 설탕 가격이 낮아지면서 빈민들에게도 현실적인 것이 되었다. 좀바르트(Werner Sombart, 1863~1941: 독일의 경제사가)가 근세 초기의 자본주의를 만들어 낸 것은 '사치'라고 주장한 바 있지만, 영국의 차야말로 바로 물질적 사치를 경제 발전으로 이끈 가장 큰 계기로 작용하였다. 더구나 차와 설탕 모두 해외로부터의 수입에 의존할 수밖에 없는 상품이었다는 점은 대외적 경제 활동에 커다란 자극을 주었다. 그리하여 홍차 문화는 18세기 중상주의 시대를 만들었을 뿐만 아니라 중상주의 시대의 전형적 문화로서 자리잡았다.

그것은 본질적으로 일종의 제국주의라 할 수 있는 외향적 성격, 즉 식민지 지배를 지향하는 공격적·침략적 성격을 갖는다. 바꿔 말하면, 홍차 문화는 '홍차 제국주의'로 전개되어 나갔던 것이다. 홍차 제국주의를 떠받치는 두 개의 기둥이 있는데, 하나는 서인도제도에 있는 설탕 식민지의 확보이고 다른 하나는 중국 차의 지배, 또는 식민지에서의 차나무 재배와 그 생산 확보이다. 이러한 홍차 제국주의는 한편으로는 서인도·대서양 방면으로, 다른 한편으로는 동양으로 진출하여 동서에 양 날개를 펼친 국제적인 규모로 발전하였다.

설탕 식민지와 노예제

(커피를 포함해서) 차의 보완재로 설탕이 쓰이면서 영국의 근대사는 비인도적이고 잔혹한 역사의 길을 걷게 된다. 근대 설탕의 역사는 신대륙에서의 노예 무역과 노예 노동의 역사이며 영국의 설탕 시장 제패의 역사이다.

포르투갈은 16세기 초부터 브라질에서 아프리카 노예를 부려 설탕 생산을 하였고, 17세기 말에 이르기까지 거의 모든 설탕 시장을 독점하였다. 17세기 전반에 포르투갈의 설탕 선단은 100척이 넘었고, 설탕 무역으로 얻은 이윤은 인도의 향료 무역에서 패배한 포르투갈의 존망을 좌우할 정도의 의미가 있었다. 설탕의 중요성에 자극받은 네덜란드가 브라질의 일부 지역을 침략하여 일시적으로 지배하기도 하였지만, 1654년에는 포르투갈에 의해 브라질에서 쫓겨났다.

한편 영국은 1640년대 후반까지 버뮤다 섬과 버지니아에서 담배 생산에 따른 성과를 올리고 있었기 때문에 설탕에는 그다지 관심을 두지 않았다. 그러나 유럽과 본국에서 설탕의 수요와 수익성이 증대되자 영국은 발바도스 섬(1627년에 점령)을 설탕 식민지로 개발하고 새로운 재배 기술과 개량된 설탕 정제법을 도입하여 급속하게 성장시켰다. 그 결과 1650년경에는 설탕이 '발바도스 섬의 무역 혼'이라고 불릴 정도가 되었다.

사탕수수의 재배에는 고액의 자본과 함께 열대 기온에서도 가혹한 노동을 견뎌 낼 수 있는 니그로 노예가 필요하였다. 그리고 연작連作에 의한 토지의 피폐, 그에 따른 생산력의 정체와 저하의 문제를 극복해야 했다. 이러한 설탕 생산의 중심지는 〈그래프 2〉에서와 같이 릴레이 주자가 바통을 넘겨주는 것처럼 발바도스로부터 시작되어 자메이카, 프랑스령 아이티, 18세기 중엽의 스페인령 쿠바로 이동해 간다.

그런데 설탕 플랜테이션 경영의 최대 문제는 노예 노동을 어떻게 확보하느냐에 있었다. 왜냐하면 사탕수수는 그 재배 방법이 원시적이므로 대부분 육체 노동에 의존할 수밖에 없기 때문이다. 1655년 어느 선교사의 기록에 따르면, 농장주들은 토지를

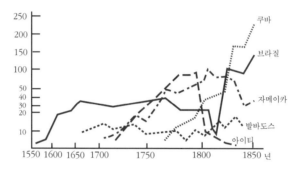

〈그래프2〉 설탕 생산의 추이(1550~1850) 단위 1,000톤

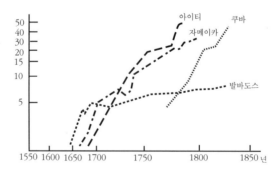

〈그래프3〉 노예 인구의 추이(1643~1841) 단위 10,000명

경작하는 데도 소나 말을 부리지 않고 오로지 노예들을 부렸다고 한다. 흑인 노예가 없다면 플랜테이션은 존립 자체가 불가능하였다. 흑인 노예는 카리브 해 지방의 '생명선'인 셈이었던 것이다.

이와 같이 설탕 경제의 발전은 흑인 노예의 인구 증가에 의존하고 있었다. 1645년, 아직 발바도스에서 설탕 경제가 성립하지 않았을 때의 노예 인구는 5,680명에 불과하였는데 사탕수수가 도입된 후인 1667년에는 같은 섬의 노예 인구가 8만 2,023명으로 훌쩍 뛰어 올랐다. 1658년에는 1,400명이었던 자메이카의 노예 인구도 1698년에는 4만 명으로 증가하였다.

사탕수수 재배뿐만 아니라 면화·담배 재배를 포함하여 매년 증가하는 흑인 노예 수요에 대응할 수 있는 노예들을 아프리카 서안에서 확보하는 일은 농장주들에게 있어서나 영국의 국익 면에나 무엇보다도 중요하였다. 그 때문에 영국은 1663년에 왕립 아프리카 모험冒險 상인 회사를 설립하고 이어서 1672년에는 이를 대신하여 왕립 아프리카 회사를 창립하여 참으로 놀랍게도 왕실 스스로 이 비인도적인 노예 무역을 보호하며 참가하였다. 노예를 손에 넣기 위해서는 담배, 총, 럼주 등을 가져가야 했다. 곧 동인도 회사가 수입한 인도 옥양목이 노예 거래에 있어 주요 상품이 되었는데 당시 '검은 상아'라고 불리던 흑인 노예들이 한 장의 면포와 담배, 럼주와 교환되어 아프리카 서안으로부터 속속 서인도제도로 실려 왔다.

그들은 도중에 도망갈 수 없도록 수갑과 족쇄에 묶인 채 배 바닥에 빽빽이 실려 물과 먹을것조차 제대로 공급받지 못하고 수

영국령

프랑스령

스페인령

그림15 서인도제도(1650~1763)

십 일간의 긴 항해를 참아 가며 열대의 대서양을 건너야 했다. 항해 도중 질병과 굶주림으로 수많은 노예가 숨을 거두었다. 일례로 1694년에 왕립 아프리카 회사 소속의 한니발 호는 700명의 노예를 가득 태우고 출발하였는데 항해 도중 320명이 사망하였다고 전한다. 사망률이 무려 45%였다. 그럼에도 불구하고 노예 무역은 더욱 활황을 띠어 왕립 아프리카 회사가 1672~1711년 사이에 공급한 노예 수는 약 9만 명에 달하였다. 그 중 약 반수가 발바도스로, 3분의 1 이상이 자메이카로 보내졌다. 모두 사탕수수 플랜테이션을 위한 노동력이었다. 아래의 표현은 당시의 시대상을 집약적으로 말해 준다.

　노예 무역을 지배하는 자가 설탕을 지배한다. 설탕을 지배하는 자가 18세기의 세계 경제를 지배할 것이다.

설탕의 이윤이 얼마나 컸는가는 아담 스미스(Adam Smith, 1723~90)가 『국부론國富論』에서 "우리 서인도제도 식민지 어디에나 있는 사탕수수 플랜테이션의 이윤은 일반적으로 구미에 알려진 어떤 작물의 이윤보다도 훨씬 크다"라고 기술한 데서도 잘 나타나 있다. 경제적인 면에서 18세기의 설탕은 19세기의 철강과 20세기의 석유에 필적할 만한 위치를 점하였다. 한마디로 설탕은 왕이었던 것이다.

발바도스에서 설탕 생산은 17세기 말까지 대량의 노예 노동력을 공급받아 비약적으로 신장하였다. 17세기 말에는 극소량의 브라질 설탕을 제외하고는 사실상 국내 시장에서는 영국 식민지의 설탕만으로도 충분하였다. 게다가 북구 시장에서도 브라질 설탕을 몰아낼 정도였다. 그와 함께 설탕의 가격도 계속 하락하였다. 이것으로 대략 설탕의 국제 경쟁에서의 승부가 결정지어졌다.

아프리카 서해안에서의 노예 무역과 서인도의 노예제 사탕수수 식민지, 그리고 영국 본국과의 결합은 이른바 '삼각무역三角貿易'이라는 이름으로 알려졌다. 이 삼각무역에 의해 영국 본국의 수출이 증가하고 경제 발전이 촉진되었음은 틀림없는 사실이다. 18세기 중상주의자들은 서인도제도만큼 이상적인 식민지는 없다고 하면서 서인도 식민지를 절찬해 마지않았다. 그리고 노예 무역 상인과 사탕수수 농장주들이 막대한 부를 축적함으로써 수많은 신흥 벼락부자들이 탄생하게 되었다. 이렇게 축적된 막대한 부는 18세기 중엽부터 시작된 영국 산업 혁명의 자본으로서 커다란 역할을 담당하였다. 여기에서는 영국 산업 혁명의 기원을 논하는 것이 주제가 아니므로 상세히 설명하지는 않겠지만, 자본주의의 성립과 노예제가 얼마나 깊은 관련이 있었는가를 처음으로 밝힌 사람은 흑인 역사가로서 트리니다드 토바고(Trinidad and Tobago) 수상직을 맡았던 에릭 윌리엄스(Eric Williams, 1911~81)였다는 것만 말해 두고 가고자 한다. 흥미 있는 독자들은 그의 저서 『자본주의와 노예제』(1944)를 한번 읽어보아도 좋을 것이다.

차를 마실 때 꼭 필요한 설탕은 초기에는 이처럼 엄청난 사치품이었지만 18세기 중엽 이후에는 누구나 쉽게 손에 넣을 수 있을 정도로 대중화된 상품이 되었다. 게다가 그것은 영국인에게는 서인도 제패를 상징하는 영광스런 상품이기도 하였다. 그러나 그 영광스런 상품이 학대받은 노예의 피와 눈물로 만들어진 결정체였다는 사실을 잊어서는 안 될 것이다.

차와 아편

차는 사치품에서 생활 필수품으로 변화한 동시에 '문화文化'에서 자본주의적 '상품商品'으로 변해 갔다.

17~18세기 중국과 유럽의 무역을 한마디로 규정하면 그것은 '사치품의 교환'이다. 견직물, 차, 도자기 등 유럽에서는 '사치품=문화'라고 여겨진 중국산 물품들이 금, 은, 시계와 교환되어 동양에서 서양으로 운반되어 왔다. 그래도 18세기 말까지는 사치품 교역량이 비교적 적었고 무역 확대의 속도도 완만하였다. 해로海路 무역은 마카오와 광둥(廣東)에서만 허가한다는 중국

정부의 관리 무역이 동서 무역의 발전을 가로막고 있었던 것이다. 그러나 기본적으로는 무역이 필요치 않다는 중국의 소극적 태도가 더 크게 작용하고 있었다.

1793년 영국 국왕 조지 3세가 매카트니(Macartney, 1737～1806: 최초로 베이징에 파견된 영국사절)를 베이징에 파견하여 무역항을 늘리고 행상行商의 무역 독점(廣東 13行)을 폐지해 줄 것 등을 요구하였다. 이에 대해 건륭제乾隆帝가 영국 국왕에게 보낸 답신은 "중국은 산물이 풍부하여 국내에 없는 것이 없다. 또한 중국에서 생산되는 차, 도자기, 비단 등은 서양 각국의 필수품이므로 광둥에서 무역을 허락하여 필수품을 공급해 줌으로써 천조天朝의 은혜를 베풀 따름이다"라는 것이었다. 이에는 영국도 발붙여 볼 엄두조차 내 볼 수 없었다.

그런데 중국의 이처럼 완고한 '천조天朝의 은혜'도 19세기 초부터는 전면적으로 변화하지 않을 수 없었다. 그 두터운 벽을 마침내 허문 것은 다름 아닌 '아편'이었다. 느닷없이 아편이라고 하면 독자들이 이해하기 어려울 것이므로 그것이 등장하게 된 배경을 순서대로 설명하겠다.

영국 동인도 회사는 인도 옥양목의 수입 금지 이후 동양으로부터 수입하는 품목의 주력 상품을 중국 차로 바꾸었다. 그런데 영국 내 차 대중 시장의 확대는 동인도 회사의 중국 무역에 대한 의존도를 한층 높였다. 그 결과 차 무역의 증대는 18세기 말에 영국 정부에 두 가지 중대한 문제를 안겨 주게 된다. 그 하나는 은銀 유출流出의 문제였고, 다른 하나는 차 밀수의 문제였다.

은 유출의 문제란, 영국이 중국으로부터 수입하는 차에 비해 영국에서 가져갈 적당한 물품이 없어 전체적으로 상당한 편무역片貿易을 초래하였고 그 결제 수단으로 은을 지출할 수밖에 없게 되었다는 것을 말한다. 결국 차의 수입 증가와 함께 대량의 은이 유출되어 은 부족 현상이 심화되었다. 그렇다고 차의 수입을 억제할 수도 없고, 또 그 이상의 은을 유출하는 것도 영국으로서는 곤란한 실정이었다.

한편 차 밀수의 문제는 차의 밀수를 횡행시킨 높은 수입 관세에 그 책임이 있었다. 그리고 수입 관세가 높아진 것은 미국 독립 전쟁에 대처할 군비 재원을 위해 영국 정부가 종래 64%이던 차의 관세를 일거에 119%로 올려 높은 관세를 부가하였기 때문이다. 정규 수입량과 거의 같은 수량의 차가 밀수되었을 정도로 당시의 밀수는 막대한 규모로 행해졌다.

이 두 가지 문제의 해결에 직면한 정부는 밀수를 방지하기 위해 우선 수입 관세를 낮추는 조치를 취하였다. 1784년 귀정법歸正法에 의해 정부는 일거에 119%에서 12.5%로 대폭적인 관세 인하를 단행하였다. 이것으로 밀수의 상당 부분을 막을 수 있었으나 이번에는 '차 가격 하락→소비 증대→은 유출의 증대' 라고 하는 또 하나의 모순을 낳고 말았다. 따라서 은 유출을 막을 수 있는, 은을 대신할 수 있는 물품을 찾아내는 것이 무엇보다도 시급한 과제로 떠올랐다. 그래서 채택된 정책이 인도 식민지를 매개로 하여 인도 물산인 원료 면화, 특히 아편을 중국에 수출하여 은을 획득하는 것이었다.

아편 재배와 수출이라고 하는 아이디어는 특별히 새로운 것은 아니었다. 아편은 오랫동안 근동 지방과 인도에서 재배되었는데 무굴 제국은 전매 제도로 아편을 지배하에 두었다. 16세기에 동양에 들어온 포르투갈 인은 인도와 아라비아 상인이 미얀마, 말레이 반도, 중국, 동인도 등지에서 아편을 판매하고 있다는 사실을 알았다. 17세기에 포르투갈 인은 인도 상인, 아라비아 상인을 추방하고 아편 거래를 자신들의 손안에 넣었다. 그러다가 18세기에 이르러서 아편 거래의 독점권이 네덜란드에서 영국의 손으로 넘어갔다. 영국 동인도 회사가 무굴 황제를 이어 아편의 전매권을 장악한 것은 1773년의 일이다. 영국은 전통적인 아편 거래를 계승하였을 뿐만이 아니라 처음으로 아편을 대규모로 생산하여 판매하기까지 하였다.

아편은 앵속罌粟(양귀비)의 열매로 만든 마약이다. 이것을 상음하여 중독되면 정신과 육체가 모두 병들어 끝내는 폐인이 되고 만다. 아편을 주스로 만들어 마시는 방법은 예로부터 중국에서 사용되었는데 통증을 없애 주는 약용으로 썼었다. 담배처럼 아편을 흡연하는 관습은 17세기 중엽 네덜란드 지배하에 있던 타이완으로부터 푸젠(福建)에 전해졌다. 그러나 그 양이 매우 적었기 때문에 중국 사회에 그렇게 커다란 문제를 야기하지는 않았다. 그런데 영국 동인도 회사가 18세기 말부터 인도에서 대량으로 아편을 생산하고 그것을 중국에 수출하게 되면서 이제까지 화남華南에 제한되었던 아편의 유행이 눈 깜짝할 사이에 화중華中, 화북華北으로까지 확대되었다.

이와 같이 차의 담보 물품으로 아편 무역이 발전하자 동인도 회사는 아편 무역을 직접 하지 않고 지방 무역이라는 간접적인 방법으로 시행하였다. 지방 무역이라는 것은 동인도 회사로부터 자격증을 받은 개인 상인들이 인도와 동남 아시아·중국에 한해서 할 수 있는 무역으로, 여기에 종사했던 상인은 인도인·미국인·영국인 들이었고 특히 스코틀랜드 인이 많았다. 그들은 인도에서 아편, 면화 등을 구입하여 그것을 중국으로 가져가 은과 교환하였다. 그리고 다시 그들은 광둥에서 그 은을 주고 동인도 회사의 런던이나 벵골 정부 앞으로 된 환어음을 받았다. 여기에서 환어음이 사용된 것은, 중국으로부터 서양 및 인도로의 수출 무역을 지배하고 있던 것이 동인도 회사였고 개인 상인은 아편을 중국에 판매할 수는 있지만 중국의 수출품을 취급할 수는 없었기 때문이다. 이 같은 방법으로 은을 손에 넣은 동인도 회사는 그 은을 가지고 중국 차를 매입하는 구조를 창출하였던 것이다. 결국 지방 무역상은 동인도 회사의 꼭두각시로 이용된 셈이다.

그리하여 중국의 아편 수입은 19세기에 들어서면서 급속하게 증가하였다. 1767년에 1,000상자였던 것이 1820년에는 4,000상자나 수입되었다. 1820년대에는 19,000상자로 급속히 증가하여 아편 전쟁(1839~42)이 일어나기 직전인 1838년에는 4만 상자, 정점에 오른 1880년에는 약 10만 상자라는 비정상적인 증가 기록을 보였다. 이와 같은 아편 수입의 증가와 함께 은의 흐름이 크게 변화하고 있었다. 중국으로 은이 유입되던 것이 감소하고 역으로 1820년 중엽 이후에는 중국으로부터 은이 대량 유출되기 시작하였다. 중국으로부터의 정화正貨 유출은 아마 근대 역사상 유례가 없는 일이었다고 할 수 있을 것이다.

종래 중국은 '천조天朝의 은혜'로 차를 서양에 팔아 왔다. 그런데 이제 차와 바꿀 수 있는 대량의 아편이 유입되기 시작하자

아편 중독 환자의 만연, 은 보유량의 감소에 따른 은가銀價의 등
귀 등이 중국 사회를 크게 동요시켰다. 청조는 당연히 아편 무역
을 반대하였다. 이미 18세기 초부터 청조는 여러 번 칙령을 내려
아편 흡음을 단속하고 18세기 말에는 아편 판매를 단속하였지만
관리의 부패가 겹쳐 이렇다 할 성과를 올리지 못하였다. 1820년
대에는 광둥에서 아편 거래 금지 캠페인까지 벌였으나 성공하지
못하였고, 1830년대에는 단속을 강화하면 오히려 밀수가 횡행하
는 등 아편 무역은 더욱 성행하였다. 1837년에 정부는 아편 단속
을 강경하게 시행하여 많은 중국인을 체포하는 한편 아편을 몰
수하여 일단의 성공을 거두었다. 그러나 이에 대한 영국의 보복
이 결국 아편 전쟁(1839~42)을 발발하게 하였다는 사실은 새삼
말할 필요도 없을 것이다.

영국의 근대적 병기와 함대의 공격 앞에 굴복한 청조는 굴욕
적인 난징조약(南京條約, 1842)을 맺었다. 그 결과 홍콩을 영국에
할양하고 군비, 아편 배상금 등으로 2,100만 달러를 지불하였으
며 광둥 외에 샤먼(厦門), 푸저우(福州), 닝보(寧波), 상하이(上海)
등 5개 항구를 개항하였다. 그리고 이들 항구에서의 영국 상인
의 거주와 상업의 자유를 인정하였다. 난징조약의 체결은 중국
역사에서 획기적인 사건이었던 동시에, 차의 세계사라는 측면에
서 볼 때도 획기적인 전환점이 되었다.

18세기 후반 유럽에서는 영국을 중심으로 산업 혁명이 일어
나 경제 분야에서뿐만 아니라 사회·정치 모든 분야에서 구조적
변화가 일어나고 있었다. 기계의 발명에 의해 공업 생산은 가내
수공업에서 공장제 기계공업으로 이행하였고, 이른바 자본(=임

노동 관계를 기반으로 한 자본주의적 생산 양식)이 확립되었다. 한편 면공업을 축으로 한 산업 혁명의 전개는 기계제 면제품이 해외로 홍수처럼 수출됨으로써 낡은 세계 경제의 틀을 근본적으로 변화시켰다. 이는 또한 영국적 질서에 따른 새로운 세계 경제의 재편성을 촉진하였다. 그 재편성 과정에서 영국을 종주국으로 하고 그 주변의 위성 제국을 경제적 종속국으로 하는 세계 자본주의 체제가 형성되어 갔다. 세계 자본주의의 형성 과정에서 가장 큰 희생을 강요당한 곳은 역시 아시아였고, 그 중에서도 구세계舊世界의 문명을 대표하는 인도와 중국이 특히 그러하였다.

인도 면직 산업의 붕괴

인도는 원래 자원이 풍부하여 입고 먹는 것에 부족함이 없는 나라였다. 특히 목면은 인도를 원산지로 하는 열대성(혹은 아열대성) 식물로서 한랭한 유럽에서는 생산되지 않는 아시아적 상품이었다. 따라서 인도 면포는 이미 기원전 450년에 헤로도토스(Herodotos, B.C. 484?~B.C. 430)가 "인도 인은 야생 나무에서 의복을 만든다"라고 말한 바 있듯이, 고대로부터 알려져 있었고 중세에 이르러서까지도 마르코 폴로가 '세계에서 가장 섬세하고 아름다운 면포'라고 칭찬할 정도였다.

확실히 인도의 염직染織, 그 중에서도 사라사(saraca: 직물 표면에 염료와 안료로 꽃, 나무, 새, 짐승과 기하학적 무늬를 날염한 것)의 염색 기법은 날염과 프린트에 의한 색의 부가에 그 특색이 있었다. 이에 비하면 유럽의 전통적 염색 기술은 발끝에도 미치지 못할 정도로 유치한 것이었다. 오늘날 인도의 부인들이 몸에 두르는 사리(sári)는 폭이 약 1미터, 길이가 5.5미터의 프린트된 한 장의 옷감을 허리에 두 번 감아 입는 것인데, 17~18세기에는 이것을 7번 감았다고 할 만큼 인도의 사라사는 매미 날개처럼 섬세하고 아름다운 직물이었다. 유럽 인들은 그 목면 문화의 매력에 완전히 사로잡혔던 것이다.

17세기 중반 이후 인도 면포는 영국 동인도 회사의 최대 수입품이 되었다. 인도 면포는 동양적인 문양을 넣은 침대 커버, 테이블 보, 속옷, 부인용 패션 드레스 등으로 만들어져 영국 본국으로 보내졌다. 인도 면포는 싸고 아름다우면서 가볍고 세탁까지 용이한데다가 당시 이국적인 취향의 유행까지 가세하여 순식간에 사람들에게 보급되었다. 이러한 인도 면포의 수입은 유럽에서 '의류 혁명'을 일으켰다. 이것은 중국 차가 최신 음료로서 상류 계층에게 환영받았던 시기와 거의 같은 17세기 말의 일이었다.

그런데 인도 면포의 수입이 영국 사회에 준 영향은 중국 문화를 대표하는 차가 미친 영향과는 상당한 차이가 있었다. 양자의 결정적인 차이는 차가 영국인의 생활에 풍요로움을 가져다 주는 것으로서 생활 속에 정착하였던 반면, 인도 면포는 전통적 국민 산업이었던 양모 공업과 견 공업과의 이해 관계에 얽혀 영국 국민 경제를 위기 속에 빠뜨리는 것으로 이해되었고 제조업자들에게 심각한 위기감과 위협을 느끼게 하였다는 데 있다. 그 결과 1700년에 '옥양목 수입 금지법'이 발표되어 염색되지 않은 것을 제외한 모든 옥양목과 견직물을 인도로부터 수입하는 것이 금지

되었다. 이로써 양모 공업자와 견직물업자의 이익을 보장하였던 것이다.

그로부터 약 1200~1300년이 지난 후, 면제품의 흐름은 이제 영국에서 인도로 역류하여 1830년경에는 그 유명했던 인도 면업도 완전히 와해되었다. 1831년에 캘커타의 유력 시민 117명은 영국 추밀원에 청원서를 제출하여 호소하였다. 그 내용은, 최근 벵골로 수입되는 영국 면포의 양이 매년 증가함으로써 캘커타의 면직업자가 일자리를 잃고 큰 타격을 받고 있으므로 어떤 대책을 강구해 달라는 것이었다. 또한 1848년의 의원조사위원회에서 증언한 바에 따르면, 인도 면업의 중심지인 다카(현재 방글라데시의 수도)는 한때 15만의 인구를 보유하는 번영을 누렸지만 이제는 인구 3~4만으로 감소하고 도시는 정글과 말라리아로 급속히 황폐해지고 있다고 하였다. 이와 같이 생활 수단과 생산 수단을 빼앗긴 인도의 많은 농민, 목면직공들의 궁핍은 역사상 유례를 찾아보기 힘든 비극이었으며, 그 참상은 "목면 직공들의 백골白骨이 인도 평야를 하얗게 만들었다"(Karl Marx, 1818~83)라고 전해질 정도였다.

18세기 중엽부터 19세기 초에 걸친 짧은 기간 동안 이렇게도 완전히 인도의 운명을 바꾸어 놓은 것은 무엇이었을까? 그것은 말할 것도 없이 영국에서 일어난 '산업 혁명'이었다.

영국의 산업 혁명은 주로 국내 생산력의 자생적인 발전의 성과로 이해되어 왔다. 그러나 유럽, 아니 영국에 원래 존재하지 않았던 면공업이 자생적으로 성장했다는 것은 생각할 수도 없는 일이다. 면공업이 18세기 중엽부터 급속한 발전을 이루게 된 배경에는 영국 국내에서의 농촌 공업과 매뉴팩처(manufacture: 공장제 수공업)의 발달, 방적·섬유 기계의 발명, 그것을 기업으로 성공시킨 기업가의 등장 등 국내적 요인이 주요한 역할을 담당하였던 것이 사실이다. 그러나 원면의 공급을 해외에 의존할 수밖에 없었던 국제적 요인과 그 메커니즘을 무시하고서는 면업의 발전을 이야기할 수 없다.

초기에 맨체스터 면업이 의존했던 주요 원면의 생산·공급지는 서인도제도였다. 서인도제도는 설탕 식민지로서, 그리고 본국과 서아메리카의 노예 무역과 결합된 삼각무역의 거점으로서 영국에게 있어 가치 있는 식민지였다는 것은 앞서도 언급한 바 있다. 이 지역의 노예제 플랜테이션으로 생산된 면화가 1780년대 초기에 영국 면업이 필요로 한 원면의 1/2 내지 2/3를 공급하였다. 맨체스터가 면공업의 입지로 주목받게 된 데에는 자연적 풍토 조건을 구비하고 있다는 이유도 있었지만, 노예 무역의 거점이었던 리버풀이 면화 수입항으로서 가까운 곳에 자리하고 있었다는 지리적 여건이 더 크게 작용하였다.

맨체스터 면업의 목표는 품질과 가격 모든 면에서 인도 면포에 뒤지지 않는 제품을 자국의 기계로 만들어 내는 데 있었다. 마침내 영국은 인도 면포의 모방에 성공하였고, 이제 인도 면업은 영국의 방해물일 뿐이었다. 방해물은 제거되어야만 한다. 그리하여 영국 면제품이 인도로 진출하기 시작하였다. 그러나 인도로 진출하는 데는 어려움이 있었다. 어려운 만큼 영국 정부는 관세 정책과 군사적·정치적 압력 등 온갖 가혹한 수단을 모두 동원하여 인도 면업의 궤멸을 꾀하였다. 그러고도 안심할 수 없었던 영국은 인도 면업 직공들을 체포해 그들의 눈을 빼고 손을 자르는 등 철저한 궤멸책을 자행하는 데 주저하지 않았다. 결국, 고대부터 그 이름이 알려졌던 인도의 찬란한 전통 수직手織 면업은 말살되어 지상에서 사라지고 말았다.

강제로 면업을 빼앗긴 인도는 영국에 원면을 공급하는 원료 생산국으로 전락하였다. 인도는 이제 강대국 영국에 종속된 식민지로, 세계 자본주의 체제 속에 편입되었다. 이것이 영국 부르주아지가 주장한 자유주의적 국제 분업의 실상인 것이다. 예전에 동양 문명의 영광을 대표하던 인도 면업이 거의 궤멸될 운명에 처한 1830년대에 또 하나의 동양을 대표하는 중국과 그 차가 영국에서 걸어온 아편 전쟁으로 인도와 같은 운명을 강요당하고 있었던 것은 과연 역사의 우연일까?

차 운반 경쟁

아편 전쟁에 의해 강제로 문호를 개방당하고 세계 자본주의에 포섭된 중국은 선진 공업국 영국으로부터 공업 제품을 구입하고 그 대신 농산물을 수출하는 국제 분업 체제로 편입되었다. 이제 영국은 홍콩을 손안에 넣었을 뿐만 아니라 5개 항구의 개항과 통상 자유의 보장, 관세율의 인하 등 자신들의 무역 활동에 유리한 조건을 중국에게서 끌어 내고, 면제품의 수출을 크게 기대하고 있었다. 그러나 수출은 여전히 답보 상태에 머물고 있었다. 왜냐하면 중국 내부의 사정으로 면제품 수출의 틈새를 쉽게 파고들 수 없었기 때문이다.

중국은 토착의 수직手織 면업이 농민들 사이에 깊숙이 뿌리를 내리고 있었기 때문에 외국 제품이 필요없었다. 게다가 외국산 면제품이 개항장에 유입되어도 중국 시장 내부까지 침투하는 데는 이금세釐金稅(청조에서 국내 통항의 화물에 대하여 보통의 關稅 이외에 課한 세금)라는 국내 운송세의 장애가 있었고, 또 중국 상인이 국내 시장을 견고하게 장악하고 있었다. 이렇게 완고하리 만큼 폐쇄적인 중국 시장의 문을 열게 하기 위해서는 다시 한번 군사력을 행사할 필요가 있었다. 열려라 참깨! 이것이 1856~58년의 애로우(Arrow) 호 사건, 즉 제2차 아편 전쟁이었다.

면제품 시장의 개척이 부진한 상태였던 1840~50년대에 중국의 차 수출은 자유 무역의 물결을 타고 일찍이 없었던 활황을 보였다. 영국 동인도 회사는 1600년에 창설된 이래 아시아 방면의 국책 회사로서, 중국 차 수입의 독점권을 가지고 장기간 상당한 이익을 누려 왔다. 그러나 자유주의의 물결이 높아지면서 1833년에는 지금까지의 특권이 폐지되고 중국 무역이 자유화되었다. 그 해금의 날을 기다리고 있었다는 듯 리버풀, 브리스틀, 글래스고 등 영국의 지방 항구로부터 일확천금을 꿈꾸며 중국을 향한 범선이 출발하였다. 그리고 중국 차를 취급하는 차업상사茶業商社도 지방과 런던에서 속속 개업하기 시작하였다.

동인도 회사 시대에는 중국으로부터 런던까지 항해하는 배의 속도는 그다지 문제되지 않았다. 왜냐하면 경쟁이 없었기 때문이다. 그러나 중국 무역이 자유화된 이후에는 제일 먼저 차를 싣고 온 배의 선원에게 프리미엄을 붙여 주는 관례가 생겨났고, 이러한 상황에서 1840년대 후반에는 중국을 왕래하는 쾌속선의 건조가 시작되었다. 이렇게 하여 영국의 쾌속선(clipper) 시대가 열리게 되었다. 그 발상지는 스코틀랜드의 애버딘으로 그곳의 조선업자 알렉산더 홀이 건조한 레인디아 호와 월터 훗이 건조한 존 버니안 호가 유명한데, 두 척 모두 1848년에 건조되었다.

그런데 지금까지의 영국의 독점적인 차 무역에 커다란 변화를 가져온 사건이 1849년에 발생하였다. 그 하나는 항해조례의 폐지요, 다른 하나는 강력한 라이벌로 미국 쾌속정 선박이 등장하였다는 것이다. 1849년까지 영국 선박은 항해조례의 보호 덕분에 영국으로 차를 들여오는 외국 선박을 배제시킬 수 있었다. 그러나 항해조례가 폐지되고 중국과 영국 사이의 무역이 자유화되자 이윤이 높은 차 무역에 외국 선박이 참여하기 시작하였다. 예상된 일이었지만 영국으로서는 커다란 위협이 아닐 수 없었다. 그 위협이 현실로 나타난 것은 1850년 12월에 미국의 쾌속정 선박 오리엔탈 호가 홍콩을 출발하여 95일이라는 기록적인 속도로 런던의 웨스트 인디아 도크에 도착하였을 때이다. 오리엔탈 호는 1,500톤의 홍차를 싣고 입항하였는데 1톤 당 6파운드의 운반비가 들었다. 이는 상인들 입장에서 보면 영국 선박으로 운반한 것보다 1톤 당 2파운드 이상의 이윤이 남는 일이었다. 이해타산이 빠른 영국 상인, 특히 유명한 3대 차상사茶商社는 애국심이고 체면이고 모두 버리고 이윤을 위해 오리엔탈 호로 차를 운반할 것을 결정하였다. 이 일은 영국 선주船主에게 뼈아픈 교훈을 남겼다.

오리엔탈 호와 함께 황푸(黃埔)에서 차를 선적한 소형 아편 쾌속선 아스타트 호(본래 인도에서 중국으로 아편을 운반하기 위해 건조되었던 쾌속선이었지만 일시적으로 차 운반에 전용됨)는 홍콩·런던 사이를 97일 만에 항해하였는데, 이는 오리엔탈 호보다 48시간, 즉 만 이틀 늦게 런던에 도착한 것이었다. 같은 해 존 버니안 호는 99일이 걸렸다. 이러한 상황에서는 미국 쾌속선에게 차 운반의 선수先手를 빼앗길 수밖에 없었다. 다급해진 영국 조선업자는 미국에 대항할 수 있는 선박 건조에 급히 들어갔다.

차의 가치는 말할 것도 없이 햇차의 향에 달려 있다. 런던의 경매 시장에서 맏물 차(一番茶)에 가장 높은 값이 매겨졌기 때문에 중국에서 햇차를 따는 4월말이 되면 맏물 차를 실은 배가 상하이(上海), 푸저우(福州)로부터 속속 런던을 향해 출발하였다. 최단 시간과 최대 선적량의 경제성을 둘러싼 경쟁은 경마를 좋아하는 영국인들에게는 매우 흥미 있는 레이스였다. 1850~60년대는 쾌속정 선박에 의한 차 운반 경쟁(tea race)의 전성 시대였다. 증기선이 없었던 것은 아니지만 아직은 범선 쪽이 속도와 효율성 면에서 앞서 있었다.

1860년대에 들어서 남북 전쟁이 발발하자 미국이 먼저 이 차 운반 경쟁에서 떨어져 나갔다. 1869년에는 수에즈 운하(suez canal)가 개통되어 영국까지의 거리가 희망봉을 돌아오던 때에 비해 일거에 5,000해리나 단축되었다. 그런데 운하를 통과하는 선박이 기선에 제한됨으로써 차의 루트도 기선에 의한 수에즈 경유로 변화하였다. 그리하여 20년 가까이 계속되던 차 운반 경쟁도 막을 내리게 되었고, 차 운반 경쟁을 위해 건조되었던 최신형 쾌속선 '커티 써크'도 1869년 11월 22일, 즉 수에즈 운하가 개통된 6일 후에 진수되는 바람에 한 번도 차 운반 경쟁에 참가

하지 못하는 비극의 운명을 맞았다.

그런데 영국이 차 운반 경쟁에 열중하던 1860년대부터 차의 흐름에 커다란 변화가 일어났으니, 그 변화를 가져온 주인공은 바로 인도 차였다. 인도 차의 등장은 차의 세계사를 완전히 뒤집어 놓았다.

차나무를 찾아서

차가 국민적인 음료로 보급되자 영국이 중국에 의존하던 차의 공급을 식민지에서 재배함으로써 그 공급원을 전환하려고 한 것은 당연한 일이었다. 7년 전쟁(1756~63) 이후 동인도 회사의 벵골 총독 워렌 헤이스팅스(Warren Hastings, 1732~1818) 경이 인도에 차나무 재배를 도입하려 한 것이 그 최초의 시도였는데, 그의 노력에 대하여 조지프 뱅크스(Joseph Banks, 1743~1820) 경은 1778년에 「인도에서의 차나무 재배」를 통해 여러 가지를 제안하였다. 이 제안에 따르면 홍차는 북위 26~30도에서, 녹차는 30~35도에서 잘 자라므로 인도에서는 부탄에 가까운 북쪽 산악 지역이 적당하다고 하였다. 그리고 차나무의 확보와 그 실제 재배와 관련해서는 동인도 회사 선박에 광둥 주민이 임시 선원으로 고용되어 있으므로 그들을 부추겨 차나무와 재배 도구 일습을 가져오게 하고 그들 모두를 캘커타 식물원으로 보내 실제 시험 재배에 들어가는 것이 바람직하다고 하였다.

뱅크스의 제안에서 알 수 있듯이 당시 최대의 차 수입국이자 소비국이었던 영국도 차나무와 차 재배에 대해서는 별반 아는

그림16 광둥의 팩토리

것이 없었으며 심지어 차나무를 본 적도 없었다. 18세기 중엽의 유럽 인의 차나무에 대한 지식은 스웨덴의 식물학자 린네(Carl von Linné, 1707~78)의 『식물의 종』(1753, 제2판 1762)이나 일본에서 차를 관찰하였던 네덜란드 인 캔펠의 기록에서 얻은 정도가 전부였으므로, 영국인에게 있어 차는 여전히 베일에 가려진 식물이었다.

1793년, 영국은 처음으로 중국에 매카트니를 단장으로 한 사절단을 파견하였다. 그때까지 오랫동안 광둥에서 차 무역을 하고 있었지만 그것은 정부간 통상 조약에 의한 무역이 아니었고, 광둥에서는 팩토리(factory)라는 특별히 격리된 장소에서 '광둥(廣東) 13행行'이라 불리는 길드 특허 상인(公行 상인)들과만의 거래를 허락받아 조공 무역이 시행되고 있었다. 따라서 영국 정부가 사절단을 파견한 것은 양국의 관계를 조약에 그 기초를 둔

그림17 광둥의 외국인 상점

다는 것을 의미하는 것이었다. 그러나 이와 동시에 사절단의 목적 가운데 다른 목적은 중국의 실상을 관찰하고 중국에 관련된 정보를 수집하는 데 있었다. 또한 차의 재배와 제조에 관한 자세한 정보를 수집할 목적으로 특별히 그 방면에 정통한 뱅크스를 사절단의 일원으로 참가시켜 파견하였다.

그러나 매카트니의 『중국방문사절일기中國訪問使節日記』(坂野正高 역주, 동양문고)를 보면 차에 관한 기사는 극히 적으며, 단지 한 군데에 남아 있을 뿐이다. 11월 21일에 일행이 장시(江西) 성省 위산(玉山) 현縣에 도착하여 고대하던 차를 손에 넣고 그 기쁨을 다음과 같이 기록하였다.

우리가 박물학博物學에 관한 것은 무엇이든 호기심을 보이기만 하면 길을 가다가도 종자와 화석을 수집하고 몇 그루의 차나무를 뿌리에

붙은 큰 흙덩어리 그대로, 즉 현장에서 생육하는 상태 그대로 채집하는 것을 총독이 허락한 일을 잊지 말고 기록해 두어야겠다. 이 차나무를 벵골에 보낼 수 있을 것이라고 생각하니 기쁘기 그지없다. 그곳 정부 당국자의 기개와 애국심이라면 이 귀중한 관목의 재배 시험도 반드시 성공할 것이라는 것을 의심하지 않는다. 우리가 차나무를 손에넣은 장소는 북위 28도 부근에서였다. 해당 지역의 여름은 무척 덥고 겨울은 매우 춥다. 그러나 서리나 눈은 내리지 않는다.

이와 같이 매카트니가 소중히 가지고 돌아온 차나무가 과연 기대를 저버리지 않고 성장하였는가 하는 그후의 사정은 알 길이 없다.

세기의 대발견, 아삼의 차

1823년 영국이 오랫동안 찾았던 야생차가 마침내 인도 아삼(assam)의 오지에서 발견되었다. 실로 세기의 대발견이었다. 그것을 발견한 사람은 브루스(Bruce)인데, 그 동생이 "미얀마 사람과 중국인이 이곳에서 야생차라고 부르는 식물의 잎과 종자를 보내게 된 것을 기쁘게 생각합니다"라고 쓴 편지와 함께 동인도회사의 식물계관 월리치 박사에게 야생차를 보낸 때는 1825년 6월이었다. 그런데 차나무를 보지 못했던 월리치 박사는 이것을 믿지 않고 그대로 방치해 버렸다. 모처럼의 대발견이 빛을 보지 못한 것이다.

그런데 1831년, 아삼 주 지방장관 찰튼이 아삼에서 동일한 차나무를 발견하고 원주민들이 건조시킨 이 찻잎을 끓여서 마시고 있다는 내용의 편지를 농업원예협회農業園藝協會에 보냈다. 그러나 이때 보내진 식물 역시 전문가로부터 차나무라는 공식적인 인정을 받지 못하였다. 나중에 알려진 사실이지만 그것은 전문가의 감정이 잘못되어서 그랬다기보다는 중국 차와는 품종이 다른 아삼 종이었기 때문에 알아보지 못했던 것이다. 즉 중국종밖에 알지 못했던 당시의 전문가들이 차라고 단정하지 못하였던 것이다. 중국의 찻잎은 작은데 비해 아삼의 찻잎은 아주 크다. 이 두 가지가 원래 같은 차의 변종인가, 아니면 서로 아주 다른 것인가 하는 것에 대한 논의가 분분하였다. 현재까지도 식물학자들 사이에서는 일원설一元說과 이원설二元說을 두고 의견이 분분하다.

그림18 잎이 큰 아삼종(중앙)

일본의 학자 하시모토(橋本實)와 시무라(志村喬) 두 사람이 쓴 『차나무의 기원에 대한 형태학적 연구(茶樹の起源に關する形態學的研究)』(『열대 농업』 21권 2호, 1978)에 의하면, "차나무는 동아시아를 원산지로 하여 중국에서 미얀마, 인도 등에 걸쳐 자생하고 있으며, 대개 중국의 윈난(雲南)에서 아삼에 걸친 산맥이 모두 그 원산지라고 생각된다. 코헨 스튜어트는 1919년 아삼 차와 중국 차의 형질이 현격하게 다르므로 원산지가 다르다고 주장하고, 잎이 작은 중국종은 인도와 윈난의 대엽종大葉種과는 전혀 관계 없이 중국의 동부 및 동남 지역에서 발생하여 점차 재배되면서 이식된 것이라고 주장하였다. 일반적으로는 온대를 대표하는 'var. sinensis' (중국종)와 열대를 대표하는 'var. assamica' (아삼종)의 두 가지로 분류되는데, 이원설을 지향하는 의견이 강한 편이다"라고 하였다.

이것이 종래 학계의 통설이라면, 하시모토 등은 일본을 비롯하여 타이완, 미얀마 및 아삼 등지에 있는 차의 형태학적 특성을 밝혀 그들이 연속적인 변이 내지 환경 조건에 따른 변이를 나타내게 되었고 세포학적으로도 차이가 인정되지 않는다는 일원설을 제창하였다. 중국 과학원 유전 연구소에서 발행한 『유전과 육종(遺傳與育種)』(1978년 5월호)에 의하면 첸 추안(陳椽) 교수도 「중국 윈난이 차나무의 원산지이다」라고 하는 논문에서 야생 차나무의 유전적 형질, 찻잎의 생화학적 연구를 통해 중국의 고로종皐蘆種(차나무 품종 중의 하나)이 차나무 기원의 원종이며 따라서 윈난의 대엽종을 생산하는 윈난 지구가 차나무의 원산지라는 일원설을 주장하였다.

어쨌든 브루스 형제에 의한 아삼 종의 발견은 식물학계에서 획기적인 발견이었을 뿐만 아니라 세계의 차 추세, 좀더 과장하여 표현하자면 차의 세계사를 뿌리부터 바꾸어 놓았다.

기대하던 인도 차의 재배 성공

1828년 윌리엄 벤팅크(William Henny Cavendish Bentinck, 1774~1839)는 인도 총독에 임명된 지 얼마 지나지 않아 워커라는 한 지식인으로부터 네팔과 기타 인도 지역에 서둘러 차나무 재배를 시작해야 한다는 열정적인 건의서를 받았다. 그 건의서에는 목적을 달성하기 위해서는 위원회를 설치해야 한다는 제안과 취지가 다음과 같이 적혀 있었다.

최근 영국과 중국 사이의 무역이 아편 문제로 악화되면서 앞으로도 계속해서 차가 중국으로부터 수입될 수 있다는 보증이 없습니다. 그런데 영국에서는 차 소비가 매년 증가하고 있으며, 차가 사치품이 아니라 서민 식품의 하나로 자리잡음으로써 차의 소비를 줄일 수도 없는 형편입니다. 따라서 앞으로 중국에 의한 차의 독점을 타파하고 우리 손으로 차를 공급할 필요가 있습니다. 이를 위해 동인도 회사는 단호하게 네팔 고원과 기타 지역에서 차의 재배에 착수해야 합니다. 이들 지역에서는 차나무와 유사한 동백(camellia)과 기타 식물이 자생하고 있습니다. 인도는 임금이 낮으므로 차 재배에 유리한 동시에 맨체스터 면제품 수입으로 의해 직업을 잃은 수많은 인도 면포 직공에게 일을 주는 것도 가능합니다.

이 경청할 만한 제안을 따라 1834년 2월에 '차업위원회茶業

委員會'가 설치되었다. 이 위원회에서도 아삼에서 발견된 차나무가 진짜 차나무라는 결론에 도달하지 못하였고, 중국으로부터 차 재배 방법과 제조 기술자를 들여오는 비교적 무난한 방식을 채택하였다. 그래서 위원회에서는 마카오에 위원을 파견하여 차 종자를 입수하였지만(그 종자를 인도 각지에 분산시켜 이식하였음) 중국의 기술자를 확보하는 일이 무척 곤란하다는 것을 알고 크게 낙담하였다.

이제 마지막 수단으로 인도 영내에서 아직 정치적 지배가 충분히 미치지 않은, 다소 위험한 히말라야 산맥으로 들어가 그곳의 차나무 조사와 개발에 본격적으로 착수하게 되었다. 이 탐험과 조사를 명령받은 사람이 브루스 형제였다. 이들은 아삼의 오지에 들어가 싱호 족과 접촉하며 야생차를 만드는 방법 등을 배우는 동시에 시장 생산의 가능성에 대해서도 조사하였다. 그 가운데서 가장 가능성이 있던 것이 브라마푸트라 강 연안의 티브르갈의 동쪽, 무투크 지방에 자생하는 차나무로 만든 차였다.

1837년 12월, '차업위원회'에 이 지역에서 생산된 찻잎 견본이 도착하였다. 그것은 야생 아삼 종의 잎을 원료로 하여 중국식 제조법에 따라 중국인의 손으로 만든 녹차였다. 운송 도중 포장이 풀어지기도 하였으나 차의 향은 나쁘지 않았다. 런던에 최초의 아삼 차 견본이 도착한 것은 1838년 11월이었다. 런던의 업자業者들 사이에서도 호평을 받아 이로부터 인도 차의 제조가 시작되었다.

기업가 정신이 풍부한 영국인이 이러한 성공에 자극받아 급히 아삼 산産 차 사업에 착수한 것이 1839년 초로, 캘커타와 런던에 거의 동시에 회사가 생겨났다. 캘커타에는 벵골 차업 회사가, 런던에는 그보다 수주일 늦은 2월에 아삼 회사가 세워졌다. 아삼 회사는 자본금 50만 파운드(50파운드 짜리 1만 주)의 주식회사로서 아삼에서 새로 발견된 차나무 재배를 목적으로 설립되었다. 주식은 공시公示를 기다릴 것도 없이 순식간에 차업 관계자들에게 매점되었다. 장래를 약속할 수 없다는 사장의 설명에도 불구하고 다투어 주식을 사들였다는 것은 사람들이 아삼의 차 재배에 얼마나 기대를 걸고 있었는가를 단적으로 보여 준다. 때마침 광둥에서의 차 무역은 아편 문제로 커다란 위기에 직면해 있었다. 이러한 이유도 있었기 때문에 더군다나 아삼 회사에 기대가

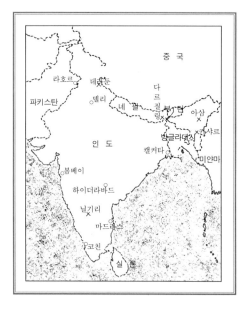

그림19 인도의 주요 차 생산지

몰렸던 것이다.

그런데 아삼 회사가 다원 개발에 착수해서 직면한 최대의 문제는 노동력 부족이었다. 아삼 지역은 영국의 보호 아래로 들어오기 전에 이미 내부 대립과 미얀마의 침입에 의한 인구 감소가 진행되어 노동력이 부족하였을 뿐만 아니라 차 재배 기술자도 없었다. 이에 많은 중국인 노동자를 싱가포르에서 데려왔지만 노동력의 질이 낮아 실패하였고, 또 인도 평야 지역에서 노동자를 모집하였는데 콜레라가 발생하여 태반이 사망하는 등 악전고투의 연속이었다. 그러나 이러한 곤란에도 불구하고 정글 개척에 코끼리를 사용하고, 운반 수단으로 증기선을 이용하면서 다원 조성이 점차 확대되어 1840년에는 2,638에이커, 중량 10,202 파운드의 차 생산에 성공하였다. 그런데 착수 초기에는 소요 경비가 많아 경영에 채산성을 보게 된 것은 1848년 이후에나 이르러서였다.

1860년에 이르러 다원의 개척은 아삼 주에서 인도 북부, 나아가 남부까지 급속하게 확대되었다. 즉 오늘날 방글라데시의 치타공, 실혜트, 실혜트 근처의 카샤르까지, 이윽고 벵골 주의 히말라야 산맥의 다르질링, 다시 그곳에서 서북인도로 연장되어 간그라 계곡, 데라둔, 그리고 남인도에서는 트라방코르, 닐기리로 다원이 확대되었다. 인도 차가 200년에 걸쳐 계속된 중국 차에 도전하는 것은 이제 시간 문제였다. 때마침 일본은 긴 쇄국을 끝내고 문호를 개방하여 세계 시장 속으로 편입되고 있었다.

2

상품으로서의 차

세계 시장에서의 일본 차

1

일본의 개항과 세계 시장

믿는 것은 생사와 차

1858년, 도쿠가와(德川) 바쿠후는 오랫동안 굳게 빗장을 닫아 걸고 있던 문을 열고 미국과 미·일 수호 통상 조약을 체결하였다. 다음해 1859년 네덜란드, 러시아, 영국, 프랑스와도 통상 조약을 체결함으로써 일본은 세계를 향해 그 문호를 개방하고 세계 시장에 편입되었다. 개항장에는 외국 상인들이 속속 모여들었다. 그런데 외국 상인들 손을 거쳐 일본에서 수출된 것으로는 생사가 첫 번째였고 이어서 차, 잠란지蠶卵紙(누에나방에게 알을 슬게 하는 두꺼운 종이), 납蠟, 칠기, 수산물 등의 영세한 봉건 농업 생산물이 주류를 이루었다. 일본으로 수입된 것을 보면 혼방 직물, 면직물, 모직물, 면사, 무기, 함선艦船과 같은 것이 주류를 이루었고, 이것들은 자본제 공업 제품으로서 보호 관세 없이 유입되었다. 이렇게 시작된 일본의 무역은 다른 아시아 제국과 같이 반半식민지적 종속국형 무역 구조의 형태를 띠었다.

일본의 개항은 일본 자신의 적극적인 의지에 의한 것이 아니고 영국을 중심으로 한 세계 자본주의의 압력에 의한 수동적인 개항이었다. 따라서 일본은 무역에 대한 준비가 되어 있지 않았고 개항 직후의 시대에 대한 일본측의 공식적인 무역 통계도 가지고 있지 않았다. 그러나 영국은 일본 각지의 개항장에 영사를 주재시키고 무역의 정보를 수집하였다. 당시 세계에서 가장 신뢰받던 경제 정보지인 런던 『이코노미스트』(1863년 3월 1일호)는 개항 직후의 일본과 영국 간의 무역에 대해 다음과 같이 보도하였다.

	1860년	1861년
영국에 수입된 일본 물품	34,636 파운드	184,312 파운드
일본에 수입된 영국 물품	389,958 파운드	406,150 파운드

〈표5〉 일본의 개항 직후 영국과 일본의 무역량

이에 따르면 영국이 일본으로부터 수입한 최대의 상품은 차로서 중량 500만 파운드였고 이어 생사 12,000상자, 동銅 5,000피컬(Picul: 중국과 동남 아시아의 海運界에서 쓰는 중량의 단위)을 수입하였다고 한다. 영국의 수출품에 대해서는 특별히 나열하지 않았지만 면제품 등이 주요 부분을 차지하였다는 것은 의심할 나위가 없다. 그러나 영국과 일본의 무역은 영국의 입장에서는 커다란 수출 초과였다. 영국이 일본에게 기대했던 가장 중요한 상품은 말할 것도 없이 차와 생사였는데, 그 일본 차(녹차)가 모처럼 수입되었음에도 불구하고 영국인의 기호에 적합하지 않다는 것을 알게 되었던 것이다. 따라서 일단 수입된 것을 대부분 미국으로 재수출하였다.

연도	총 수출액	차 수출액	(%)
1860	865,002 파운드	67,474 파운드	(7.8)
1861	1,624,601 파운드	270,627 달러	(16.7)
1863	5,116,634 파운드	403,273 달러	(7.9)
1865	6,772,324 兩	1,513,902 兩	(22.4)
1867	7,082,903 兩	1,446,674 兩	(20.4)

〈표6〉 일본 개항기의 수출액과 차

　일본이 자본주의 세계 시장에 강제로 편입되었을 때 일본은 우선 세계 시장에서 생사와 차를 가지고 국제 분업의 한 부분을 담당하였다. 1877년(메이지 10년)경까지는 한 해씩 차의 수출액이 생사를 가끔 웃돌기까지 할 정도였다. 차는 대개 생사 수출액의 70~80%로, 수출에 있어 생사와 어깨를 나란히 할 정도로 중요한 위치를 점하였다. 그후 1887년까지 10년간 차 수출액은 생사 수출액의 절반 이하로 낮아졌고 1887~96년 사이에는 차와 생사의 수출액의 차이가 점점 더 커졌다. 1890년대 중반에는 면사방직업의 진출이 있었는데, 차는 수출액에서 면사에도 뒤져 1868년 이후에는 2대 수출품이었던 지위에서도 떨어지고 말았다.

　수출품으로서의 차는 이상과 같은 운명의 과정을 거쳤다. 그렇다면 무엇 때문에 한때 세계 시장의 주목을 받고 화려하게 진출하였던 일본 차가 그후 일시적인 수출 붐의 번영을 맞기는 하였지만, 장기적인 측면에서 정체 내지 후퇴의 길을 걷게 된 것일까? 이에 대해서는 차례차례 설명하기로 하고 먼저 개항 후의 차 수출 상황을 살펴보기로 하자.

1860년대의 일본 차

1860년대 일본의 총 수출액에서 차가 차지하는 위상은 앞서 제시했던 〈표6〉에 잘 나타나 있다. 차는 대개 8%에서, 많은 해의 경우에는 20%를 넘었다는 사실을 알 수 있다(〈표7〉에서는 이보다 약간 낮다).

연도	생사	차	해산물	기타
1860	(32.91)	(3.26)	(6.84)	59.99
1861	10.57	3.86	(7.05)	78.52
1862	62.88	11.87	10.02	15.23
1863	69.85	9.09	6.62	14.44
1864	58.65	6.04	5.64	29.67
1865	79.30	10.47	2.98	7.25
1866	42.65	11.87	6.50	38.98
1867	43.86	16.30	7.39	32.45

〈표7〉 바쿠후 말기 수출 총 무역에서 생사 · 차 · 해산물의 비율 1860~67(%)

그렇다면 일본 차는 어디로 수출되었을까? 개항 초기에는 그 대부분이 영국, 유럽의 여러 나라, 상하이, 홍콩, 미국 등지로 수출되었다. 영국으로 수출된 차는 앞서 설명한 바와 같이 그 대부분이 미국으로 재수출되었으므로 초기부터 미국은 일본 차의 최대 시장이었다. 특히 1867년 이후에는 미국으로의 수출이 눈에 띄게 증가하였다. 그것은 1867년에 증기선에 의해 샌프란시스코와 중국, 일본을 연결하는 정기 항로 '퍼시픽 메일 라인'이 개통되어 일본과 미국이 태평양 루트로 직접 연결되었기 때문이다. 그때까지는 인도양에서 아프리카 남단을 돌아 일단 영국에 들어갔다가 대서양을 거쳐 미국 동해안으로 도착하는 우회 루트에 의지하고 있었다. 또한 1867년의 새로운 관세에 따라 타국을 경유해 미국으로 수입된 차에 10%의 수입 관세가 부과되었는데, 생산지로부터 직접 수입된 차에는 모두 관세가 없었던 것도 커다란 원인으로 작용하였다.

그런데 일본 차가 세계 시장에 등장한 1860년대는 세계 차 시장에 커다란 변화가 있었던 시대로서 특별히 주목할 필요가 있다. 당시 세계 최대의 차 수입국은 영국이었고, 1850년대까지는 중국이 차의 생산과 공급 면에서 세계 시장을 거의 독점하고 있었다. 그러나 중국 쾌속선이 중국 차의 운반을 위해 격렬하게 차 운반 경쟁을 전개하였던 1850년대에 인도에서 아삼 차가 발견되었고 그 시험 재배가 착착 성공을 거두어 인도가 차 생산국으로 급부상하였다. 또한 1850년대 말부터 1860년대 무렵에는 가격이 낮은 일본 차까지 가세하여 중국 차의 독점에 도전장을 냈다.

이로써 보건대 유럽 인의 일본 차에 대한 태도가 230년에 걸친 오랜 쇄국의 말기에 이르러 완전히 달라졌음을 알 수 있다. 즉 16세기 중엽부터 17세기 초에 걸쳐 유럽 인이 동양과 처음 접촉하고 동양의 차, 특히 일본의 차를 알게 되었을 때 그들에게 있어 차는 고상한 '문화'였다. 따라서 그들은 섭취하고 모방할 만한 가치가 있는 문화로서 차의 수입에 노력하였다. 그런데 일본이 개항하여 다시 세계와 만나게 되었을 무렵에는 차가 더 이상 옛날과 같은 문화가 아니었다. 차는 이제 문화와는 분리된 자본주의 '상품'에 지나지 않았다. 이 때 비로소 일본 역시 차가 세계 시장에서 극심한 경쟁을 겪고 있는 세계 상품이라는 것을 깨닫게 되었다.

영국인 올콕크는 초대 일본 영사 겸 외교 대표로서 1859년 6월에 일본에 왔다. 그는 1862년 3월까지 일본에 머물면서 『다이군(大君)의 도시』(1863)를 저술한 것으로 알려져 있다. 『다이군의 도시』에서 올콕크는 일본인의 생활, 풍속, 습관은 물론 종교에서 예술, 스모(相撲)에 이르기까지 일본의 실정에 대해 자세히 묘사하였는데, 일본의 대표적인 문화인 '다도'에 관해서는 전혀 언급하지 않았다. 16세기에 일본에 왔던 예수회 선교사들의 기록도 읽고 일본의 역사도 자세히 조사하고 일본에 온 올콕크가 예수회 선교사들이 그토록 호기심에 차서 바라보았던 다도 문화에 대해서는 어떻게 한마디도 언급하지 않은 것일까? 그에게는 이미 동양 문화에 대한 콤플렉스는 조금도 남아 있지 않았고, 오히려 서양 문명의 우월감을 가지고 동양에 왔기 때문이다. 올콕크는 자신에 찬 우월감을 가지고 다음과 같이 기록하였다.

중국인과 일본인은 아시아 국민 가운데 과거 10세기 동안 유목민들이 가졌던 문명보다 고도의 문명에 적응성을 보여 온 유일한 두 민족이다.…… 고대의 인도 민족과 그 다음의 아랍 민족은 그들의 역사, 건축물, 문학, 철학과 종교 체계 등에서 뛰어난 문명과 정신을 기록으로 남겼다. 그러나 그들에게는 과거의 전통만이 남아 있을 뿐 현재는 분명 매우 뒤떨어져 있다. 그런데 중국인과 일본인은 그들과 다르다. 중국인이 고대에 이룩한 진보는 유럽 인 모두를 훨씬 능가한 것이었고 오늘날에도 몇 가지 점에서 우리보다 우수하다. 그러나 과거 1세기 동안 우리는 학문과 공업 면에서 꽤 앞섰다. 또한 올바른 의미에서의 예술적인 면에 있어서도 우리는 항상 우위에 서 있었다.

이 같은 올콕크의 우월감을 지탱해 준 것은 18세기 말에 영국에서 일어난 산업 혁명과 대규모의 자본주의적 공업 생산의 발달, 그리고 인도 정복, 아편 전쟁의 승리와 계속된 아시아 침략이었다. 이렇게 영국을 중심으로 한 자본주의의 발달은 아직 전근대 사회의 껍질 속에 갇혀 있던 아시아에 혼란을 가져온 동시에 그들의 아시아관을 뿌리부터 흔들어 놓았다. 따라서 올콕크가 언급한 차는 문화로서의 차가 아니라 수출 상품으로서의 일본 차였다고 하겠다. 그는 이렇게 말하였다.

> 요 몇 년간 일본에서 수출되는 주요 물품은 차와 견인데, 두 품목 모두 커다란 이윤을 남겼다. 특히 차가 그러하였는데 중국 녹차의 부족분을 메우는 데 필요한 수요가 많았다.…… 일본에서는 과거 1년간 (1862) 약 15,000상자의 차가 수출되었는데 에도(江戶)에서는 현재에도 수출에 대비한 많은 차가 계속해서 만들어지고 있다. 따라서 외국 무역용의 이 주요 산물의 경우 추가 재배를 하지 않아도 종래 수출하던 양을 무한으로 증가시킬 수 있다고 믿을 만한 충분한 이유가 있다.

일본에서 수출된 차는 녹차였다. 그런데 영국의 세계 경제 지배하에서 세계 상품으로 주류를 형성한 차는 녹차가 아니라 일본인에게는 전혀 친숙하지 않은 홍차였다. 따라서 세계 시장에 던져진 일본 차가 해외 시장을 개척한다고 해도 매우 어려운 상황에 처해 있었음을 알 수 있다.

홍차 제조에 착수

메이지(明治) 정부가 세계 시장에 대응하기 위해 차업茶業 진흥에 직접 나선 것은 1874년(메이지 7) 3월 내무성內務省 권업요 농정과勸業寮農政課에 제차製茶 부서를 설치한 것에서 시작되었다. 그것은 오쿠보 도시미치(大久保利通, 1830~78: 도쿠가와 바쿠후를 무너뜨리고 천황 정부를 다시 세운 메이지 유신의 무사 지도자 중의 한 사람)에 의한 산업 장려책의 한 일환으로 이루어진 것이었다.

차업 장려 사업에서 주목할 만한 것은 홍차의 전습傳習과 제조였다. 종래 일본 차업은 주로 녹차 생산이 중심을 이루고 있었기 때문에 발효 차가 아주 없었던 것은 아니지만(예를 들어 오늘날도 高知縣의 산간 지역에 남아 있는 碁石茶) 홍차에 대해서는 전혀 모르고 있었다고 해도 과언이 아니다. 홍차는 일본의 풍토에 맞지 않았던 것이다.

그러나 일본 차가 수출 산업으로 세계 시장의 요구에 대응하기 위해서는 미국 시장을 겨냥한 녹차 생산 이외에 홍차를 중심으로 한 산업 구조로 전환하지 않으면 안 되었다. 그런데 홍차와 관련하여 일본은 그 제조법도, 해외 시장에서의 기호·가격·판매 조직 등의 상황에 관해서도 아무런 정보를 가지고 있지 못했다. 비록 홍차가 세계 시장에서 압도적인 지위를 점하고 있는 것이 판명되었다고는 하지만, 일본 국내 시장에서는 전혀 수요가 없는 일본의 전통적인 녹차 생산을 수출만을 위한 홍차 생산으로 어느 정도 전환해야 하는가는 참으로 어려운 문제였다. 게다가 메이지 초년에는 일본의 수출품으로서 생사 이외에 눈에 띄는 것으로는 차 정도가 전부였기 때문에 세계 시장에 적합한 홍차 생산이 산업 장려의 중요한 정책 중의 하나가 된 것은 당연하였다.

'제차製茶가 수출의 일부분이 되었다고는 하지만 아직 차 제조자들이 외국인의 기호에 맞는 제조 기술을 알고 있지 못하기 때문에 겨우 미국 한 나라에 수출할 뿐'(「홍차제조법의 행정명령안 및 제법서」 1874년 2월)이라고 말할 정도였기 때문에 정부는 우선 제1단계로서 1874년에 「홍차제법서紅茶製法書」를 각 지방에 배포하여 홍차 제조를 장려하였다. 다음해인 1875년에는 중국에서 홍차 제조 기술자 링창푸(凌長富), 야오차우궤이(姚秋桂) 두 사람을 고용하고 오이타(大分) 현의 기우라(木浦), 구마모토(熊本) 현의 히토요시(人吉)에서 인근 차업 종사자를 모아 야생차를 이용한 홍차 제조법을 습득시켰다. 그리고 그 시험 제작품을 중국, 호주, 미국, 유럽에 보내 판로를 개척하려고 하였지만 품질이 낮은데다가 가격까지 높아 판매되지 못했다. 중국풍 홍차의 첫 시도는 실패하였던 것이다.

그래서 그 다음 시도로 1876년 3월에 정부는 산업 장려요원 다다 모토요시(多田元吉) 외에 이시가와(石河正龍), 우메우라(梅浦精一) 두 명을 더 인도에 파견하고 인도 풍 홍차 제조법을 연구하게 하였다. 다다 등은 일본인으로서는 처음으로 인도의 홍차 생산지(다르질링, 아삼 등)를 방문하였다. 다음해인 1877년에 돌아와 인도에서 배워 온 제차법을 고치(高知) 현에서 시험하고 홍차 5,000근을 수출하여 호평을 받았다. 또한 다다가 가지고 온 인도 차나무 종자를 신주쿠(新宿) 시험장을 시작으로 교토(京都), 효고(兵庫), 미에(三重), 시즈오카(靜岡), 지바(千葉), 아이치(愛知), 시가(滋賀), 고치(高知)의 각 현에 분배하여 파종시켰다. 그 시험 제작품을 해외에 보내 품평을 의뢰한 결과 호평을 받았다.

이에 힘을 얻은 정부는 1878년 1월 '홍차제조법전습규칙紅茶製造法傳習規則'을 발포하고 이어서 도쿄(東京), 시즈오카(靜岡), 후쿠오카(福岡), 가고시마(鹿兒島)의 일부삼현一府三縣에 교습소를 설치하여 홍차의 보급에 힘쓰는 한편 그 제품을 미쓰이(三井) 물산 또는 오쿠라구미(大倉組)를 통해 영국, 네덜란드에 보냈다. 1879년에 홍차 969상자를 런던에 보내고 대금 1,790파운드의 매상을 올렸으며, 암스테르담에서는 49상자에 525달러의 외화를 획득하였다. 또한 1879년에는 교습소에서 제조한 홍차를 호주 시드니의 만국박람회에 출품하여 우등상을 받았다. 멜버른 주재 명예 영사 A. 막스는 일본 정부에 보낸 보고서에서 "일본 차는 호주 시장에서 유망하다"는 낙관적인 전망을 하였다. 제차 가공이 요코하마(橫浜)의 외국 상인에게 장악되는 상황에서 단기간 내에 수출 가능한 홍차 생산에 성공하였다는 것은 메이지 관료의 지도력의 우수성을 입증한 것이다. 그리고 1880년에 정부는 홍차 제조 교습소를 기후(岐阜), 사카이(堺), 구마모토(熊本)의 세 현에 증설하여 홍차 생산의 증대를 꾀하였다.

일본 홍차, 호주로

호주는 1870년대 후반부터 1880년대 초에 걸쳐 영국 본국으로의 활발한 투자 활동에 힘입어 1875년에는 멜버른에서, 1879년에는 시드니에서, 1880년에는 다시 멜버른에서 박람회를 개최하였고 신도시 건설로 활기에 충만해 있었다. 일본 정부는 세계 각지에서 개최되는 박람회를 이용하여 일본 차의 수출 시장 개척에 전력을 기울였다. 호주 시장은 이미 중국 차가 진출을 시작한 상태였지만 교습소에서 제조한 인도풍 홍차의 판로로서 일본이 가장 기대를 건 시장이었다.

1875년에 멜버른에서 열린 빅토리아 식민지 박람회는 원래 1876년에 열릴 필라델피아 박람회 참가 준비를 위해 호주의 각 식민지가 그 산물을 출품하는 소위 준비 박람회였는데, 영국의 식민지를 제외하고는 일본이 유일하게 참가하였다. 일본 정부가 파견한 하시모토 마사토(橋本正人)는 그의 보고서 『멜버른 박람회 기행』(1876)에서 "호주 시장에 우리의 차, 연어, 칠기, 쪽모이 나무 세공품(嵌木細工: 널빤지에 갖가지 나무를 끼워서 그림이나 모양을 만든 것)을 수출하고 그곳의 양모를 수입하면 상호 무역 신장에 크게 도움이 될 것이다"라고 하여 호주 시장의 장래성에 주목하였다. 그리하여 1879년 시드니 박람회에 히기차(抹茶), 센차(煎茶) 외에 신주쿠(新宿) 시험장에서 제작한 중국풍 홍차 여러 종을 합한 5,000파운드를 보냈다.

또한 1880년 멜버른 박람회에서는 약 7,000~8,000파운드를 보내 박람회장에 진열한 결과 대단한 호평을 받았다. 이어 1879년에는 각 교습소에서 만든 홍차 약 8,374파운드가 오쿠라구미(大倉組)를 통해 멜버른에서 판매되었고 1,632파운드의 매상을 올려 주목받았다.

우연히 시드니 박람회를 구경하고 호주의 상황을 살피려고 왔던 일본인 두 사람이 있었다. 그 한 사람은 가고시마(鹿兒島) 현의 무사 출신 니이로(新納卓爾)였고 다른 한 사람은 에히메(愛媛)

현 무사 출신 사사키(佐佐木猛綱)였다. 그들은 귀국 후에, 수출품 중에서 차의 소비가 많고 이익도 적지 않으므로 호주에서 견습소 제작 홍차를 판매하고 싶다고 출원出願하였다. 이에 1881년 1월에 니이로에게는 홍차 약 5,000파운드, 사사키에게는 4,500파운드를 주어 판매하게 하였다. 그리고 1881년에는 고치(高知), 구마모토(熊本), 후쿠오카(福岡) 세 현의 홍차 회사를 합병하여 새로 요코하마(横浜) 홍차상회紅茶商會를 만들어 홍차 15만 근을 멜버른에 수출하였다. 이 일은 일단 성공을 거두었지만, 그 후의 수출은 오히려 기대에 미치지 못하였다. 왜 기대에 어긋나고 말았을까?

멜버른 주재 명예 영사의 보고에 따르면, 1881년 중에 멜버른에서 팔린 일본 차의 총 판매량은 반 상자들이 500상자(15만 근)였는데 앞으로 중국 및 아삼 차와 경쟁하지 않을 수 없다는 것이다. 그는 "그 승패는 가격이 어떠한가에 달렸다고 생각한다"며 장래를 결코 낙관할 수 없다는 견해를 덧붙였다. 일본 홍차가 호주 시장에서 유망하다고 초기에 기대했던 것은 경쟁 상대를 중국 차로 한정해서 생각했기 때문이며, 인도 홍차의 진출은 아예 염두에도 두지 않고 있었던 것이다.

그런데 인도에서 홍차 생산이 급속한 발전을 보였고 1882년에는 처음으로 호주에 275만 파운드(무게 단위)를 수출하였다. 1883년에는 수출량이 일시 낮아졌지만 이후에는 매년 증가 추세를 보였다. 따라서 일본 차는 인도 홍차와 정면 경쟁에 직면하였고 점차 곤경에 처하게 되었다. 게다가 더욱 불운하였던 것은 멜버른의 일본 상사 아키다구미(秋田組)가 1882년에 일본에서 수출한 녹차에서 이물질이 섞인 불량품을 발견한 사건이 발생한 것이었다. 이 사건은 일본 차의 명성에 커다란 흠집을 내었고 이후의 시장 개척에도 치명적인 영향을 미쳤다. 그후 호주에서 일본 차는 거의 팔리지 않게 되었고, 1887년에는 차 대신 쌀이 일본으로부터 호주로 수출된 품목 중 가장 큰 물량을 차지하게 되었다.

전국 차업조합의 결성

호주 시장 개척에서 실패한 결과 요코하마(橫浜) 홍차 상회는 1882년에 해산되었다. 호주 시장에서 일본 차의 명성을 실추시킨 불량 차 문제가 미국 시장에서도 종종 문제가 되었다. 이에 1882년 3월 미국 의회는 불량 차 수입 금지 조령을 가결하였고 이로써 미국 시장에 의존하던 일본 차의 수출은 일격을 맞았다.

일본 정부는 불량 차 제조의 단속에 나섰고 1883년 9월에 제2회 제차製茶 품평회를 고베(神戸)에서 개최하고 차 제조의 개선에 대거 주력하였다. 다른 한편 1883년 6월 1일에는 차업계의 유력자들이 모여 제차 간담회를 열고 판로 확장과 차 제조 품질의 개량 방법 등에 대하여 협의하였다. 이 회합을 계기로 불량 차 단속의 자주적인 규제를 담은 조합 준칙이 작성되었다. 전국 차업조합조칙이 최초로 만들어진 것이다. '차업조합준칙茶業組合準則'은 다음과 같다.

제1조 차업에 종사하는 자는 제조자와 판매자에 관계없이 군 또는

읍·면 단위로 조합을 설치한다. 단 자급용 차를 제조하는 자는 제외한다.
(중략)
제3조 조합은 다음 목적을 가지고 규약을 정하도록 한다.

　제1항 이물질 혹은 하급품을 섞거나 착색하는 등 불량 차를 제조 판매하지 말 것.
　제2항 건조법 및 포장을 완전하게 할 것.
　제3항 제차 검사법을 만들어 그 가부를 감별할 것.

이처럼 불량 차 단속에 적극적으로 나선 동시에 준칙에 따라 낡은 조직을 새로운 차업조합으로 바꾸어 나갔다. 그리하여 전국 각지에서 차업조합이 결성되었다. 그리고 지방에서 조직된 조합을 중앙의 조직에 통합하는 것으로 '중앙차업조합본부'가 1884년에 설립되었다. 그 본부 규약은 다음과 같다.

　제1항 차업에 관한 개량 진보를 계획할 것.
　제2항 각지의 차업 단속소를 연결하여 단속 방식을 통일할 것.
　(중략)
　제8항 해외의 제차·판매 및 차업의 실태를 상세히 알기 위해 차업과 관련된 각 나라에 통신 또는 조사 위원을 파견할 것.

제1회 중앙차업본부회의가 1885년 2월 농무국農務局 농산물 진열소에서 열려 정부로부터 이와야마(岩山) 농무대서기관이 참석하였다. 중앙차업조합본부의 간부에는 총책임자로 가와세 히데지(河瀨秀治)가, 간사장으로 오쿠라 기하치로(大倉喜八郎, 1837~1928), 간사幹事로는 오타니 가헤에(大谷嘉兵衛), 마루오 분로

쿠(丸尾文六), 야마모토 가메타로(山本龜太郎), 야마니시(山西春根), 미야모토 라이조(宮本賴三)가 선출되었다.

가와세는 인바(印旛) 현령을 지낼 때 차나무의 재배를 장려하였고, 내외의 박람회 사업에 종사하였던 경제 관료였다. 오쿠라 기하치로는 당시 재계의 거물로서 일찍이 1873년에 런던에 오쿠라구미(大倉組) 출장소를 설립하여 제차 수출 상인으로서도 비중 있는 활동을 전개한 바 있다. 또한 오타니는 이세(伊勢) 출신으로 1862년에 요코하마로 가서 이세야(伊勢屋) 오구라 도베에(小倉藤兵衛)의 점포에서 제차 무역에 종사하였고, 후에 미국의 스미스 베이커 상회에 고용되었으며, 1867년에는 독립하여 제차 매입상으로 일본 차 무역에서 개척자적인 인물이 되었다.

중앙차업조합이 주력하였던 것은 제8항에 있는 것처럼 불량차 단속에서 진일보하여 일본 차의 해외 판매와 해외 시장 조사를 위한 조사원 파견 등을 통해 해외 차업의 정보를 수집하는 일이었다. 종래 차업계는 해외 정보를 요코하마에 있는 외국 상인들에게 의존하거나 혹은 다다(多田元吉)와 같은 농정 관료 및 각국 주재 영사 등 주로 정부의 정보에 의존하고 있었다. 그러다가 이제 겨우 중앙차업조합본부가 생겨 조사원을 해외에 파견하여 자주적·조직적으로 정보를 수집하게 된 것이다. 관료 주도에서 민간의 자립적 발전으로의 일대 전환이 이루어진 것이다.

중앙차업조합본부는 1884년 7월부터 매월 『중앙차업조합본부보고』를 출판하기 시작하였다. 『중앙차업조합본부보고』는 매호 약 60쪽으로 제43호(1888)까지 출판되었는데, 그 내용은 매호 수출 현황, 국내 현황, 국외 현황, 잡기, 본부 기록으로 구성되었다. 그 중 외국 현황란은 주로 뉴욕, 런던 등으로부터의 영사 보고, 기타 외국 상사, 외국 잡지, 신문 등의 정보를 수록하였다.

조사원의 해외 파견이 그다지 수월하게 진행된 것 같지는 않다. 1886년에는 타이완, 중국, 인도, 런던의 차업 조사를 위해 히라오(平尾喜壽)를 파견하였는데 기초적인 지식 없이 일을 맡았기 때문에 새로운 정보를 가지고 돌아오지 못했다. 1888년에 러시아 시장 조사를 위해 히라오와 이치가와 분키치(市川文吉)를 파견하였는데 현재 그 보고서가 남아 있지 않아 자세한 내용은 알 수 없다.

이렇게 해외에서의 차업 상황은 중앙차업조합본부의 결성에도 불구하고 정부와 재외공관, 영사관의 정보에 의존하지 않고는 세계 각지의 정보를 수집하고 그것으로 시장을 개척한다는 것이 도저히 불가능하였다. 다음 장에서는 해외 경제 활동의 거점이 되었던 영사관 및 영사 보고에 대해 살펴보겠다.

2

차를 둘러싼 일본의 정보 활동

정보 혁명과 영사 보고

오늘날 일본의 종합 상사는 독자적인 정보망을 전세계에 깔아 놓고 텔렉스를 통해 시시각각 세계 각지로부터 정보를 수집하고 있다. 상사 활동의 성공의 열쇠는 정확한 정보를 보다 빨리 입수하여 얼마나 신속하고 정확하게 처리하는가에 달려 있다. 따라서 통상에 관한 정보 수집과 신속한 전달이 상업 사회의 발전을 촉진시켜 왔다는 것은 두말할 것도 없다. 그러나 그러한 통상 정보는 종종 개개 상인의 손에 의해 독점 · 축적되는 경우가 많았다. '비밀' 이라는 데에 그 정보의 가치가 있기 때문이다. 정보의 속성이 원래 그러하며, 그것은 현재에도 본질적으로 변함이 없다.

19세기 중엽 세계 시장의 성립 이후 경제 정보의 수집과 전달 방법에 커다란 변화가 일어났다. 그것은 철도, 해운, 전신의 발달 등 교통 통신 수단의 진보에 따른 것이었다. 1851년에 최초의 해저 전선이 도버(Dover: 영국 동남부의 해항) 해협에 설치된 이후

제2부 상품으로서의 차

1866년에는 신대륙과 유럽 대륙이, 1871년에는 나가사키(長崎)와 상하이(上海)가 해저 전선으로 연결됨으로써 일본은 상하이를 통해 세계의 전신망에 연결되었다. 이처럼 1870년대에는 세계의 주요 도시가 전신으로 직접 연결되어 세계 시장이 정보화 시대로 들어서게 되었다. 그리고 이 같은 정보의 자유경쟁이 자유무역 시대의 특색을 형성하였다.

세계 시장의 정보화 시대를 특징짓는 것으로 민간인들에 의한 경제 전문 잡지의 출판을 들 수 있다. 여기에는 신문 외신란도 포함된다. 또 다른 특징은 정부에 의한 해외 통상 정보의 조직적 수집 및 민간을 위한 정보 서비스이다.

첫째, 가장 대표적인 경제 전문 정보지로 1843년에 창간된 런던의 『이코노미스트』를 들 수 있다. 이것은 세계 각국의 경제 정보를 제공하는 국제 경제 정보지로서 높은 평가를 받았다. 여기에 일본에 관한 정보가 최초로 실린 것은 1854년 1월 28일자 호로 1853년 7월에 페리가 우라가(浦賀)에 내항했다는 정보와 함께 일본의 산업 현황이 소개되었다. 또한 1854년 6월 3일자 호에는 '일본, 상업 세계에 참가'라는 제목으로 세계 시장에 편입된 일본에 대한 장문의 기사가 실렸다.

둘째, 정부의 해외 상황商況 활동의 중심은 영사관이었다. 영사관은 무역 확대의 서비스센터 역할도 맡았다. 유럽의 선진 무역국은 17~18세기부터 각지에 영사관을 설치하고 주재 영사가 무역 활동 및 정보 수집에 참여하였다. 19세기 중엽 이후에는 새로 외국 무역에 적극적으로 참가한 미국, 독일, 벨기에, 일본 등 신흥 제국들이 서로 참여하여 영사관 활동을 활발히 전개하였다. 영사가 본국 정부에 보내는 통상에 관한 보고는 공사관의 외교문서와 구별하여 '영사 통상 보고' 또는 '영사 보고'라고 하였다.

각국이 영사 보고에 의한 해외 경제 정보 수집과 정보 서비스에 진력했던 것은 19세기 중엽부터 제1차 세계 대전 무렵까지였고, 그 중에서도 영국이 가장 충실한 영사관 활동을 전개하였다. 그 후 프랑스가 영국에 위협적인 세력이 되었고, 19세기 말에는 미국이 조직적인 정보 활동으로 영국과 프랑스를 능가하게 되었다. 독일의 경우, 외교 자료가 소실되어 정확히 알 수 없으나 대략 미국과 어깨를 나란히 하며 영국과 프랑스를 압박할 정도였거나, 아니면 그들을 능가하는 정보 활동을 벌이지 않았을까 추측된다.

그러면, 일본의 영사관 활동은 어떠하였을까?

일본의 영사 보고

강제적으로 세계 시장에 포섭된 일본은 230년 동안의 긴 쇄국 때문에 해외 경제 사정에 관한 정보를 전혀 축적하지 못한 상태였다. 따라서 외국 상인이 실권을 장악한 거류지居留地 무역에서 출발하지 않을 수 없었다. 외국 상인 주도형 무역에서 직무역을 통한 일본 상인 주도의 무역을 확립하기 위해서는 다양한 방면에서 여러 정보가 충족되어야 한다. 더구나 해외 경제 사정에 대한 정보가 결여된 상황에서는 무엇을 어디에 수출하면 좋은가 하는 근본적인 정보는 물론 해당 상품을 수출 지역에서 취급하는 상인의 명칭·신용도, 현지의 상업 관례, 상품의 가격과 수요량의 동향, 그리고 해당 상품의 세계 주요 생산지 현황, 현지로 수입되는 외국 상품의 수입량과 가격, 환율의 변동, 상품에 대한 소비자의 평가, 색상과 디자인에 대한 소비자의 기호, 그들의 풍속 습관에 이르기까지 하나의 상품을 수출하는 데도 광범한 시장 조사와 각종 정확한 정보 수집이 필수적이었다.

구체적으로 예를 들자면 수출 지역의 정치 정세는 어떠한가, 전염병이 유행하고 있지는 않은가, 통상 수속이나 관세율은 어떠한가 하는 등의 정보에 이르기까지 새로운 시장을 개척하기 위해서는 지금까지 알려지지 않은 방대한 정보를 조직적이면서도 신속하게 수집하는 것이 필요하였다. 이러한 해외 통상 정보 수집과 민간으로의 정보 제공에 커다란 역할을 담당한 것이 영사 제도 및 영사 보고였고, 일본은 다른 어떤 나라보다도 그 역할이 컸다. 예를 들어 민간 최대 상사 미쓰이(三井) 물산도 1887년에는 해외 지점과 출장소라고 해봐야 상하이(1877)와 홍콩(1878) 외에 구미歐美에는 런던(1876) 한 곳밖에 없는 실정이었기 때문에(파리, 뉴욕, 리용, 밀라노에는 일시적으로 개설하였다가 폐쇄함) 상사가 세계 각지에 독자적인 정보망을 설치한다는 것은 아직 요원한 상태였다.

일본 정부가 각국 주재의 각 영사로부터 받은 영사 보고를 통상 정보로서 조직적으로 일반에게 제공하게 된 것은 1881년에 발간된 『통상휘편通商彙編』에서부터였다. 그 창간호 권두에 '1881년 재외 주재 영사관 성명' 이라고 해서 20명의 영사와 그 성명이 게재되었는데, 20명 가운데 9명이 일본인이고 나머지는 외국인이었다. 그후 영사관 설치는 해마다 증가하여 1925년에는 총영사관, 영사관, 공사관, 상무관을 모두 합한 재외 공관이 무려 127곳을 헤아리게 되었다. 또한 영사 보고의 출판은 비록 규모는 작았지만 선진국에 결코 뒤지지 않는 훌륭한 정보 조직을 갖추어 갔다.

일본의 영사관 활동은 서구 제국 이상으로 민간 상사나 기업과 긴밀한 관계를 맺고 있었다. 그 점에 관해 두세 가지 주목할 만한 것을 지적하면 먼저, 1881년 이후에 영사 보고가 외무성의 정기간행물로 출판되었고 적어도 1897년까지는 관공서, 신문사는 물론 기타 희망자에게도 무료로 배포되었다는 점이다. 통상 정보를 민간에게 무료로 서비스 해주는 것은 세계에서도 유례가 없는 일이었다.

두 번째로는 외무성이 1887년에 『통상휘편』을 『통상보고通商報告』로 개정해 간행하면서 위에서 민간에게 단순히 정보를 제공한다는 식의 태도를 버리고 민간의 수요에 폭넓게 상응하여 통상정보를 수집한다는 민주적인 서비스 정신으로 출발하였다는 점이다. 즉 매월 3, 4회 발행된 『통상보고』는 매호 그 권말에 '상공업 농예에 관한 해외 각국의 상황을 본국 영사를 통해 상세히 알기 원하는 사람은 그 요지를 서면으로 적어 본 통상국에 질문하거나 출원할 것'이라고 게재하여 민간업자들의 요구에 부응하려 하였다. 이러한 정신은 훨씬 뒤에까지도 계승되었다.

특정 상품의 수출을 희망하는 이러한 민간업자의 기대에 부응하여 세계 각지의 일본 영사관은 현지에서 해당 수입 상인을 조사하여 그 명칭과 주소 등의 리스트를 보내 왔다. 때로는 일본에서 보내 온 견본품을 가지고 매입자를 찾아다니는 등 이른바 상사의 현지 주재원의 역할까지 수행하기도 하였다. 이러한 영사관 활동은 외국에서는 거의 찾아볼 수 없는 것으로, '일본 주식회사'라고 일컬어지는 정부와 민간 기업의 긴밀한 협력 체제가 일찍부터 형성된 것은 주목할 만하다.

또 한 가지 지적하고 싶은 것은 민간에 의한 해외 경제 정보의 수집이 뒤져 있었다는 점이다. 물론 초기의 민간 경제 전문 잡지로 다구치 우키치(田口卯吉)가 주재한 『도쿄 경제 잡지』(1879~1923)가 있었는데, 이것은 영국의 『이코노미스트』를 모델로 만들어졌음에도 경제 정보는 주로 국내의 정치와 경제 사정 외에 은행권, 수표 교환고 등을 게재하였을 뿐이었다. 외국의 경제 사정을 보면 자유무역 사상의 도입에는 적극적이었지만 가치 있는 경제 정보를 발빠르게 수집하는 데는 매우 부족하였다.

단, 1893년경에 이르러 「잡보雜報」에 영사 보고로 생각되는 정보가 게재되었고 그것이 점차 증가하는 경향을 보였다. 그러나 『이코노미스트』지처럼 해외 특파원을 두고 독자적인 해외 정보를 수집하지도 않았고 영사 보고를 조직적으로 게재하여 해외 경제 정보를 제공하지도 않았다. 민간 경제 전문 잡지로서도 메이지 시대(1867~1912)에는 고작 국내 경제 문제를 다루는 정도에 불과하였고 해외 경제 정보까지는 취급하지 못하였다.

정부에 의한 정보 수집 활동이 아무리 활발하게 진행된다 하여도 그에 상응하여 국내의 각 업계 및 개개 기업과 상사가 저마다 독자적인 해외 시장 정보 조직을 가지고 그에 따라 임기응변의 대응을 할 수 없다면 해외 시장으로의 적극적인 진출은 바랄

수 없는 일이었다. 따라서 주요 수출입 관련 산업에서는 대외 통상에 대응하기 위해 독자적인 조합 조직을 결성하고 해당 업계에서 필요한 해외 사업의 조사와 정보 수집에 나섰다.

그리하여 차업계에서는 앞서 언급한 바와 같이 1884년에 중앙차업조합본부를 설립하고 해외의 제차製茶 사정에 관한 조직적인 정보 활동을 시작하게 된 것이다. 그러나 『중앙차업조합본부보고』는 제43호(1888)까지로 일단 중단되고 기대했던 만큼의 성과는 올리지 못하였다. 1887~96년대에는 여전히 농상무성農商務省 및 외무성으로부터의 정보에 의지할 수밖에 없었다. 차업조합에는 방적연합회와 비교해 볼 때 좋은 리더가 없었던 것 같다. 이러한 사정은 차의 수출 감소로 나타났다.

이에 비해 1882년 10월에 설립된 방적연합회는 1889년 5월부터 기관지 『연합방적월보』를 출판하였고 해외 정보 활동을 활발히 전개하였다. 정보원에 관한 한 방적연합회는 차업조합과 비교해 훨씬 자주적·조직적이었고 정보의 질에서도 충실하였다. 즉 국내 방적업의 전개에 대응하여 중국, 미국, 인도, 이집트 등 세계 각지의 면화 거래 경기와 영국, 인도, 중국 등의 방적업 현황에 중점을 두고 조직적으로 정보를 수집하였다. 거래 경기와 외신란의 정보 출처를 보면 초기에는 아직도 상당 부분을 영사 보고에 의존하였음을 알 수 있다.

그러나 1889년 6월의 『연합방적월보聯合紡績月報』 제2호를 보면 내외면회사보고內外綿會社報告나 해외 면업 시찰원의 통신에 의해 중국 관련 정보를 독자적으로 수집하고, 영사관이 개설되어 있지 않은 인도의 정보에 대해서도 해외 면업 시찰원을 통해 적극적으로 수집하고 있었음을 알 수 있다. 『연합방적월보』 외신란의 뉴스 제공처도 특수한 외국의 업계지業界紙 등 실로 다방면에 걸쳐 광범위하였다. 어쨌든 방직업계는 그 정보 수집력에 있어서 1891~92년경에 이미 영사보고에 의존하는 단계를 넘어 거의 자립적인 입장을 확립하였다. 그것이 차업계와 다른 점이며, 방적업은 그로부터 급속한 발전을 이루고 하나의 기반을 형성하였다. 따라서 일본 차의 해외 시장 진출을 살펴볼 경우, 영사 보고가 가장 유력한 통로가 되었음이 분명하다.

일본이 파악한 세계의 차 산업 상황

일본 차의 세계 시장 진출에 임박해 세계 차 생산의 중심지였던 중국, 1860년대 중반부터 급속하게 성장한 인도, 그리고 1880년대 중반부터 비약적인 발전을 보인 실론 등의 차 생산의 변혁 동향을 과연 1868~70년대 메이지 초기의 일본이 얼마나 정확하게 파악하고 있었을까?

◎ 중국의 차 산업: 청淸의 차 산업 정보는 1875년에 정부가 파견한 다다(多田元吉)에 의해 전해진 것이 최초였다. 산업진흥청(勸業寮)에서 고용한 두 명의 중국인 중 한 사람이 귀국할 때 산업진흥청에서 시험 재배한 각종 홍차 견본을 현지의 것과 비교해 보고 아울러 판매 실상을 조사하기 위해 다다가 함께 중국으로 건너갔다. 그러나 사실은 중국 차업에 대한 관심보다는 처음 시험 재배하여 만든 일본산 차가 중국산과 비교하여 어느 정도인가를 확인하기 위한 데에 그 목적이 있었다. 그후 1884년에

육군 대령 가지야마(梶山鼎介)가 직예성直隷省 장자커우(張家口)
의 상거래 상황을 보고하였는데, 몽고인들 사이에서 수요가 있
던 벽돌차의 정보를 현물과 함께 가지고 돌아온 것이 주목될 정
도로 1887년까지도 중국 차업은 거의 소개되지 않은 실정이었
다.

　1887년『통상보고』8, 13, 24호에 세 번에 걸쳐 게재된 상하이
영사관 보고인 「청나라 차 생산 현황」은 중국 차에 대한 최초의
본격적인 조사 보고로서 주목할 가치가 있다. 이 영사 보고에서
는 청나라 차 생산의 현황을 다음과 같이 기록하고 있다.

　청淸나라의 산물을 하나하나 모두 열거하기는 어렵지만 우선 제차製
　茶를 손에 꼽을 수 있다. 따라서 그 산업이 번성하였으며 생산도 또한
　거액에 달하여 여러 나라에서 차를 공급해 주기를 바라고 있다. 이 때
　문에 매년 수출하는 곳도 여러 나라다. 대개 차는 북위 35도 내지 25
　도 사이의 지역이 아니면 자라지 않기 때문에 중국에서도 그 생산지
　는 18개 성 가운데 후난(湖南), 후베이(湖北), 장쑤(江蘇), 저장(浙江),
　장시(江西), 안후이(安徽), 푸젠(福建), 광둥(廣東), 광시(廣西) 등 9개
　성에 불과하다. 그 중 푸젠 성 북서 지역으로 북위 25도에 해당되는
　우이산(武夷山)이 제일이다. 우이산은 홍차로 유명한 곳으로 여기에
　서 생산되는 차는 세계적인 명성을 얻어 각국에서 그것을 수입하려고
　매년 이곳을 찾는다.

　중국 차에 관한 정보는 종래까지는 단편적으로밖에 알려져 있
지 않았는데 이 영사 보고에서는 중국 차를 홍차와 녹차로 구분
하여(우롱차는 홍차에 포함시킴) 각 품종의 중국 이름과 중국어 발
음, 그리고 무역상의 호칭을 기록하였다. 홍차에 대해서는 공푸

(工夫)·우닝(武寧)·허커우(河口)·제쑤(界首)·다이산(大山)·
샤오종(小種)·바이하오(白毫)·상샹화(上香花)·안시샤오종(安
溪小種)·우롱(烏龍)의 10종으로 크게 구별하여 그 상품학적 해
설을 덧붙이고, 수출품으로서의 측면에서 수출의 근황을 언급하
고 있다.

　또한 녹차에 대해서는 "유명한 것으로 4종류가 있는데 우웬
(婺源)·텐제(天街)·휘저우(徽州)·핑수이(平水)가 그것이고, 그
제조법은 우전雨前·희춘熙春·피차皮茶·둔계屯溪·엔주円
珠·지주芝珠·화양花香·화향주란花香珠蘭의 8방식이 있다"
라고 하여 그 제조법의 대략을 기록하였을 뿐 아니라 광둥(廣東)
성에서 생산되는 녹차와 홍차를 모방하여 만든 여러 종류의 차
에 대해서도 언급하였다. 중국 차는 생산지에 따라 또는 가공법
의 차이에 따라 여러 종류의 품목으로 구분되는데, 이 영사 보고

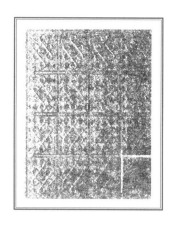

그림20 벽돌차 (좌측이 겉, 우측이 안)

160

가 무역상의 관점에서 해설한 것이라고는 하지만 이 정도로 요령 있게 각 품종을 망라한 것은 현재까지도 보기 드물다. 바로 이런 점에서 이 보고가 귀중한 것이다.

다음으로, 당시 일본에는 거의 알려지지 않았던 벽돌차(磚茶)에 대해서도 상당히 자세하게 그 제조법과 생산·수요에 대하여 기록하였다. 벽돌차는 미얀마 북부, 티베트 전지역, 몽고 및 시베리아 지방에서 상용되는 음료로서 이들 지역에서 소비되는 벽돌차의 대부분은 쓰촨(四川) 성에서 생산된 것이었다. 벽돌차는 "찻잎을 촉촉하고 부드럽게 한 다음 압착시켜 사각형으로 만드는데 그 형태가 벽돌과 유사하여 벽돌차라고 불렀다"고 한다. 그 무게와 크기는 일정하지 않지만 일반적으로 길이 8인치 내지 12인치, 두께 1인치 정도로 연탄처럼 단단하다. 벽돌차를 견고하게 만든 것은 운반을 편리하게 해서 먼 지역의 수요에도 수월하게 대응하기 위해서였다.

또한 벽돌차를 압착하여 건조시키고 딱딱하게 하기 위해서는 쌀뜨물을 부어서 만드는 것이 일반적이었다. 단 티베트에서는 벽돌차 끓이는 법이 "다른 나라와는 크게 다른 점이 있는데 차를 마셔 보면 그 맛이 수프와 비슷하다. 그것은 벽돌차를 부수어 우유나 버터를 넣고 식초나 후추를 조금 섞어 만들기 때문인데 처음 마실 때는 매우 불쾌함을 느끼지만 한 번 그 퀴퀴한 맛을 알게 되면 정신이 활발해지고 기력이 크게 길러진다"고 한다.

벽돌차 무역은 중국과 러시아의 무역에서 중국 수출품의 최대량을 차지하였다. 이와 같이 벽돌차 무역이 활발해짐과 동시에 러시아 사람들은 1872년 이래 벽돌차 제조소를 푸저우(福州), 한커우(漢口) 및 주장(九江) 근처에 건설하고 증기 기관을 이용하여 제조하였다. 이로써 증기 기관에 의한 압착 등 벽돌차 제조의 기계화와 그에 따른 재래 수작업으로 만든 벽돌차의 쇠퇴 상황을 자세히 알 수 있다.

중국 벽돌차에 관한 정보는 일본의 러시아 무역에서 빠질 수 없는 것이었다. 원래 일본이 처음 벽돌차를 제조한 것은 1878년이다. 즉 벽돌차가 일본에 처음 소개된 것은 1875년에 정부가 다다(多田元吉)를 중국에 파견하였을 때 그가 후베이(湖北) 성 시엔닝(咸寧) 현 및 한커우 항에서 각종 벽돌차를 가지고 귀국한 것이 그 최초였다. 곧 산업진흥청에 고용되어 있던 간바야시 군마지로(上林熊次郞)가 벽돌차 제조기를 만들어 재생 녹차의 가루로 벽돌차를 만들었는데 압착이 부족했기 때문에 단단해지지 않았다. 고무를 넣어 굳게 해 보려고 하였지만 결국 완전한 벽돌차는 만들지 못하였다. 그래서 다다는 1877년에 인도에서 돌아오는 길에 다시 중국을 방문하여 푸젠(福建) 성 푸저우에서 벽돌차 제조 방법을 배우고 아울러 각종 견본도 가지고 돌아왔다.

1878년에 러시아로부터 주문을 받고 간바야시가 벽돌차 5,000근을 만들어 외국 상인을 통해 판매한 것이 일본 벽돌차 제조의 첫 역사이다. 일본에서 러시아 시장을 상대로 벽돌차를 제조하여 수출한 것이 통계로 나온 것은 1883년부터이다. 그후 중국 벽돌차와의 경쟁으로 각고의 길을 걷다가 19세기 말에 이르러 일본 벽돌차의 제조와 수출은 완전히 전멸하고 만다. 이 일에 대해서는 뒤에서 다시 언급하도록 하겠다.

청나라의 차 생산 현황이 전해진 1887년경은 인도 차의 진출을 앞두고 중국 홍차의 영국으로의 수출이 급속히 감소하던 시기였다. 그런데 이러한 세계적 추세를 영사 보고가 정확하게 파악하고 있었다고는 말할 수 없다. 또한 중국 차 산업의 소규모 경영의 실태 조사에도 손이 미치지 못하였다. 중국산 차의 개요를 보고한 것이 고작이었던 것이다. 1887년 당시, 일본이 중국에 개설하였던 영사관은 상하이(上海), 푸저우(福州), 톈진(天津), 즈푸(芝罘), 니우좡(牛莊), 한커우(漢口)의 6곳으로, 차 산업은 상하이 영사관을 중심으로 다른 영사관의 협력을 받아 조사하였다고 하지만, 광대한 중국 영토에서 생산되는 다채로운 차의 품목에 대해서 여기까지 조사했다는 것은 놀라운 일이라고 하겠다. 그리고 세계 차 산업의 추세에 입각하여 통상 경제의 측면에서 중국 차의 현황을 분석하지 못한 것은 일본이 인도 차 산업에 대한 정보를 전혀 가지고 있지 못했다는 것을 의미한다고 볼 수 있다.

중국 차가 런던에서 인도와 실론 차의 압박으로 수출이 쇠퇴하는 경향에 있다는 사실을 일본이 안 것은 다음해인 1888년 2월이었다. 「중국 제차 무역 쇠퇴에 관한 조사위원회의 의견서」(『통상 보고』 52호)가 그 증거이다. 그러나 그 의견서에서는 중국 차의 쇠퇴 원인을 조악하고 남발된 제조에서 찾았을 뿐 인도 차의 경영 구조와 생산력의 차이에까지는 미처 주목하지 못하였다.

◎ 인도의 차 산업: 인도 차 산업의 중심지는 기후적으로 가장 적합한 아삼이다. 그후 벵골 등지로 재배 지역이 확대되었고 동시에 1880년대 중반(1883~84년경) 이후에는 실론이 생산지로 개

척되어 인도, 실론 차가 급속도로 세계 시장에 진출하게 되었다. 우선 그 상황을 통계표로 보면 다음의 표와 같다.

	茶園 수	재배 면적	생산량
		(에이커)	(파운드)
1850	1	1,876	216,000
1853	10	2,425	366,700
1859	48	7,599	1,205,689
1869	260	25,174	4,714,769
1871	295	31,303	6,251,143

〈표8〉 아삼 지역 홍차 재배의 발전, 1850~71

인도에서 차 산업이 급속히 확대됨과 동시에 영국의 홍차 수입의 흐름도 크게 변화하였다. 1860년대 말경까지만 해도 영국으로의 홍차 수출에서 중국 차가 90%를 차지하고 있었는데, 인도 차가 진출하기 직전인 70년대에는 90%에서 80%로 점차 떨어지더니 80년대 중반에 실론 차가 가담하면서부터는 중국 차의 비율이 50%로 크게 떨어지고 말았다. 이처럼 중국 차가 독점하

지역명	茶園 수	재배 면적	총생산량	1에이커 당 평균 생산량
		(에이커)	(파운드)	(파운드)
아삼	1,058	153,657	34,013,583	221
벵골	274	38,805	6,572,481	169
북서 지역	—	4,110	838,742	204
펀자브	—	7,466	927,827	124
미얀마	—	179	16,120	90
마드라스	—	4,275	649,460	151
합 계		208,492	43,018,213	206

〈표9〉 1880년 당시 인도의 홍차 재배 상황

던 시대는 맥없이 끝나 버렸다.

왜 중국 차는 인도 차에 패한 것일까? 중국이 전통적인 소규모 가족 경영에 의지하여 차를 재배하였던 것에 비해, 인도 다원의 큰 특색은 플랜테이션에 의한 대규모 자본주의적 경영 방식을 취하였던 점이 그 이유이다.

플랜테이션에 의한 직접 경영의 최대 과제는 노동력을 어떻게 확보하느냐에 달려 있다. 다원 경영은 정글 개간을 시작으로 출발하였는데, 정글 개간과 차나무 재배는 매우 힘든 중노동이다. 중노동임에도 불구하고 저임금밖에 지불하지 않는 열악한 노동 조건에서 노동력을 확보하는 일은 많은 어려움을 동반하였다. 따라서 미얀마·중국·인도 각지에서 돈을 벌려고 온 노동력, 그것도 개인 고용이라기보다는 가족 단위의 고용 즉 쿠리(苦力)에 의존할 수밖에 없었다. 그러한 노동력을 각지에서 모집하였던, 노예 상인에 비견할 만한 쿠리 알선인들은 이들을 가혹한 노동에 끌어내는 수단으로 가축에게 하는 것처럼 심한 채찍을 휘둘러댔다. 이러한 비인도적이고 잔인한 노동 조건과 노무 관리가 얼마나 미국 남부의 노예 노동과 유사하였는가 하는 것은 영국 의회문서에 수록되어 있는 『벵골의 차 재배에 대한 보고』(1874)에 적나라하게 드러나 있다.

극악무도한 반半노예적 노동과 저임금은 19세기 전반 유럽에서의 노예 무역 및 노예제의 폐지, 그리고 미국의 남북전쟁(1861~65)을 겪으면서 선진국으로부터 따가운 비판의 시선을 받게 되었다. 그렇지만 자본주의가 지배의 손을 아시아와 아프리카로 확대하고 이들 변경 지역을 식민지 내지 반식민지의 종속국으로 전락시키는 과정에서 농업과 광산업을 조직하는 방법으로 늘상 채용되었던 것은 여전히 반노예제적 노동 조직이었다.

인도 차와 실론 차가 세계 시장에서 점차 중국 차를 압도하게 된 것은 단지 품질과 선전 방법에서 우수했다는 것 외에 기본적으로는, 전근대적 노동 관계를 기초로 한 인도 식민지에서의 영국의 대규모 자본주의적 경영이 중국과 일본의 가족적 소규모 경영을 몰아내는 과정으로 받아들여야 한다. 그러면 일본은 인도 차 산업의 발전에 대해 어느 정도의 정보를 가지고 있었던 것일까?

후쿠자와 유키치(福澤諭吉)는 1862년에 바쿠후의 유럽 사절의 일원으로 두 차례 해외 여행에 나섰다가 도중에 아시아에 상륙하였다. 그곳에서 영국인들이 권력을 휘두르며 중국과 인도 등지의 아시아 인을 노예처럼 취급하는 것을 보고 "한편으로 가엾게 생각되기도 하였지만 다른 한편으로는 부러웠다. 언젠가는 영국처럼 동양의 권력을 내 손안에 쥐겠다"라고 마음속으로 생각한 적이 있다는 것을 훗날 고백하였다(「동양 공략, 과연 어떻게 할 것인가」, 1882). 후쿠자와는 아시아의 예속과 영국의 지배라는 현실을 확실히 목격하였던 것이다.

1870년대 일본의 차 업계는 인도에 대해 앞서 언급하였듯이 1876년에 다다(多田元吉) 등을 인도에 파견한 것 외에는 전혀 다른 정보 활동을 하고 있지 않았던 것 같다. 다다 일행의 인도 방문은 아마도 공식적으로는 최초의 방문이었을 것이다. 다만 인도풍 홍차의 제조와 기술을 배우고 인도 차의 종자를 가지고 돌아오는 것, 그리고 차 제조 기계를 매입하는 데 그 목적이 있었기 때문에 그 방문은 인도 차 산업의 기술 부분만을 살펴보는 정도에 그치고 말았던 것이다.

다다는 원래 도쿠가와(德川) 무사로서 1869년에 시즈오카(靜岡) 현 마루코(丸子)의 아카메가타니(赤目ケ谷)에 토지 5정보町步(1정보=9917.4㎡)를 불하받아 다원으로 개간한 귀농무사歸農武士였다. 그는 1875년에 산업장려청에서 근무하였으며 산업장려 방침에 따라 일본에 홍차 생산의 기초를 확립하는 것을 일생의 사명으로 삼았던 인물이다. 다다가 인도에서 직접 차나무 배양법을 배운 것은 주로 콜로넬 모니(Colonel E. Money)로부터였다. 콜로넬 모니는 1858년경부터 인도에서 차 산업에 종사하였고 그 후 10여 년간 다르질링 근방에서 다원을 소유하고 있었는데 그 다원을 매각하고 영국으로 돌아갔다가 마침 인도에 왔을 때 다다를 만났다. 콜로넬 모니는 일본 정부에서 고용한 외국인으로서 자신을 고용해 주면 전력을 다하겠다고 다다를 계속 부추겼다. 그리고 그는 연봉 1,200파운드라는 고액을 요구하였다.

다다는 콜로넬 모니의 의견을 정부에 그대로 전달했지만 정부에서는 '고용할 수 없다'고 거절하였다고 전한다. 귀국 후 다다는 콜로넬 모니가 쓴 홍차에 관한 저서를 번역하였다. 『홍차설紅茶說』 4권(콜로넬 모니 著, 多田元吉 評注, 勸農局 出版, 中溝熊象 발행, 1878년 12월 간행)이 그 책이다. 콜로넬 모니는 이 책에서 차나무, 찻잎 따기, 홍차의 제조법과 그 종류 등 주로 홍차의 제조법과 상품학적 지식을 백과사전식으로 기술하였다.

그러나 다다 일행의 인도에 대한 관심은 홍차 제조법의 기술적 측면에 머물렀을 뿐 다원 경영의 실태에는 미치지 못하였다.

그후에도 인도에 관한 일본 정부의 조직적 정보 활동은 매우 더
더 최초의 영사관이 봄베이에 설치된 것은 1894년 11월이나 되
어서였다. 그 전까지는 1879년에 설치된 싱가포르의 영사관을
통해서 경제 정보를 얻는 데 불과하였다. 따라서 일본이 세계 최
대의 차 생산지 아삼, 벵골에 관한 정보를 얻게 된 것은 1895년
에 이르러서였다.

이에 비해 1887년경에 이미 인도 면에 강하게 의존하고 있던
일본의 방직업계는 인도 면의 시장 개척을 위해 1889년에 인도
면업 시찰단을 인도에 파견하였다. 이 시찰단은 일본 방적 연합
회의 요구에 따라 정부가 파견한 것으로 외무성 서기관 사노(佐
野常樹)를 단장으로 하고 오사카(大阪) 방적의 가와무라 리헤에
(川邨利兵衛)와 다마미즈 나가히사(玉水永久), 미에(三重) 방적의
스기무라(杉村儔之助)가 그 단원으로 참가하였다. 시찰단의 목적
은 인도 면의 실태 조사에 있었지만 봄베이 면공업의 시찰도 겸
하고 있었다. 시찰단의 보고, 특히 가와무라(川邨)의 통신은 대
단히 자세하였고 그 통신은 차례로 『연합방적월보』에 수회에 걸
쳐 실렸다.

이 방적 연합회의 적극적인 자세와 비교해 볼 때, 1886년에 중
앙차업조합이 히라오(平尾喜壽) 및 통역 니키 도모오(二木友尾)를
중국, 타이완, 인도, 실론에 파견하여 거의 성과를 거두지 못한
것은 차 업계의 실상을 단적으로 보여 준다. 히라오 일행은 캘커
타에서 다르질링, 코르손 지방을 살짝 지나친 정도여서 그 조사
보고도 메모 정도의 수준에서 벗어나지 못하였다(「타이완, 중국,
실론, 인도 차업실태조사보고」, 『차업조합본부보고』 29호, 1886년 10

월호 참조).

그런데 1895년에 봄베이 영사에 임명된 구레 다이고로(吳大五郎)가 인도 각지의 경제 사정 조사를 시행하고 작성한 「인도 내지 순회 복명서」가 『통상휘찬通商彙纂』 25, 26, 27, 28호(1895년 9~10월)에 게재되었다. 이 복명서復命書는 먼저 인도의 경제 사정, 일본과의 무역 현상과 전망 및 인도의 지리·기후·인종·풍속·농업·공업·무역·행정 조직을 정확하게 개관한 후 그가 순회한 인도 북부 나그푸르, 벵골 탄광업, 캘커타의 상거래 현황, 다르질링의 차업 외에 마드라스 경제 사정, 인도 면의 최대를 차지하고 있던 바루치(Broach라고도 함. 인도 중서부 구자라트 주 남동부 바루치 행정구의 행정 중심 도시) 면에 대하여 상세히 조사한 것이었다. 이 복명서는 『통상휘찬』 15, 16호(1895년 4월)에 게재된 봄베이 영사관 보고 「일본과 인도의 무역 사정(1~4)」과 함께, 일본과 인도의 초기 통상 관계를 살펴볼 수 있는 귀중한 자료를 제공해 주고 있다.

복명서에 실린 다르질링 차업에 대한 현지 조사 보고는 대규모 다원 경영을 처음으로 상세하게 소개한 것으로 매우 귀중한 보고이다. 구레 영사는 그 보고서에서 아삼·벵골의 다원 성립 역사와 다르질링 홍차의 제조법, 기계화의 진전 상황을 보고하였으며, 다르질링 회사를 일례로 인도 차 제조 회사의 영업 내용을 수치로 표시하는 등 상당히 자세하게 다르질링 홍차의 생산 실태를 다루었다.

기계제에 의한 다르질링 홍차 생산은 일본의 차업계를 놀라게 하였다. "제차장은 모두 다원 내에 편리한 위치에 설치되어 있고 대부분 기계 제품이며 수제품은 적다. 다르질링 회사 제품 역시 모두 기계에 의해 생산된 것이다……." 그리고 찻잎을 따는 것도 일본에서처럼 작은 잎과 큰 잎을 구분하여 따로따로 따는 방법을 사용하지 않았다. "작은 잎과 큰 잎을 구분하여 따는 방법은 고용에 따른 비용이 많이 들 뿐이다. 나중에 기계 체로 거르면 찻잎을 대소, 상하로 구분해 낼 수 있기 때문에 잎의 대소를 구분하여 따지 않는다", 그리고 "이 지방의 고용 임금은 매우 싸서 1개월 평균 5루피, 즉 일본 돈 2엔 50전에 불과하고 오히려 기계로 비비는 것이 손으로 비비는 것보다 저렴하다"라고 한 언급을 통해서는 저임금과 기계화에 의한 노동력 감소와 합리화가 이루어졌음을 알 수 있다.

홍차의 제조에서는 발효의 정도를 측정하는 것이 중요하다. 이에 대해서는 "비벼서 말아 놓은 찻잎을 쌓아 놓아 발효시킨다. 발효의 정도가 차 제조 과정에서 가장 중요한데 경험이 많은 사람이 아니면 적당한 때를 알기 어렵다. 대개 말린 찻잎의 안쪽이 녹슨 붉은 색을 띨 때가 가장 적당한 시기이다"라고 하였다. 차가 적당히 발효되면 돗자리에 펼쳐 놓고 색이 검게 될 때까지 햇빛에 건조시킨다. 그리고 그것을 다시 기계에 넣어 건조시킨 후 움직이는 기계 체를 통해 찻잎의 대소·상하를 구별하여 플라워리 피코우(Flowery Pekoe, 彩花白毫), 오렌지 피코우(Orange Pekoe, 橙黃白毫), 피코우(Pekoe, 白毫), 수총(SouChong, 小種), 콩고우(Congou, 工夫), 보우히(Bohea, 武夷)의 6종류로 나눈다.

이러한 실상을 보고한 후 결론적으로 "이제 타이완은 우리 영토에 속하며 이곳은 차 생산이 풍부하고 또한 풍토병(말라리아 같은 열병)도 심하다. 문화와 산업을 일으켜 우리 관민官民은 또 하나의 다르질링을 건설할 필요가 있다"라고 하였다. 타이완을 일본의 다르질링으로 만들자는 발상이 이미 여기에서 비롯되었다는 점이 흥미롭다.

『일본의 차 생산에 관한 보고』(영국의 영사 보고, 1873)

일본이 차 무역을 시작한 후 세계 2대 차 생산지인 중국과 인도의 차 산업 상황을 이럭저럭 파악하는 데는 20년 이상이 걸렸다. 반면, 영국은 일본 차 생산 상황을 얼마나 신속하고 정확하게 파악하였는가? 참고로 양측의 정보 활동의 차이를 살펴보는 것이 좋을 듯하다.

영국은 개항 후 곧 나가사키(長崎), 나가타(新潟), 하코다테(函館), 효고(兵庫), 오사카(大阪), 가나가와(神奈川)의 각 개항장에 영사를 주재시키고 각 영사 관할 구별로 정보를 수집하였다. 일본 같이 작은 나라에 6명의 영사를 보내 경제 정보 수집에 신속하게 대응한 점이 주목할 만하다. 게다가 이미 1873년에 일본의 대표적인 수출품이 된 차에 관한 보고서『일본의 차 생산에 관한 보고』를 영국 의회에 보냈다. 이 보고서는 왓슨으로부터 그란빌 경에게 보내진 세 가지 보고 내용으로 이루어져 있다.

첫 번째 보고서는 야마시로(山城) 및 우지(宇治) 근교의 차 산업에 관한 것이다. 농민이 과세를 두려워해 정확하게 밝히지 않으므로 차의 정확한 생산을 파악하는 것이 곤란하다며 현지 조사를 마치고 대략적인 생산 상황을 파악하여 보낸 것이다. 이 첫 번째 보고서에는 차의 재배에서 정제 가공에 이르는 작업 공정을 묘사한 '소분(曾文)'의 서명이 있는 9폭의 일본화가 첨부되어 있다.

두 번째 보고서에는 일본 각 현(75府縣 가운데 8현 생략)의 차 생산량의 통계가 포함되어 있다. 이 통계는 일본 정부가 각 현에 명령하여 작성한 것이라고 그 신빙성을 강조하였다. 그 생산 합계는 약 2,000만 파운드(무게 단위)가 되는데 이것과 별도로 수출은 과거 수년간에 1,800만 파운드를 기록하였으므로 일본 차의 생산 합계는 대략 3,600(3,800?)만 파운드(무게 단위)에 달하였을 것이라고 추측하였다.

이와 관련하여 일본측의 자료에서 전국적인 차 제조 상황이 파악되는 것은 1977년의 『전국농산표全國農産表』로서, 영국은 일본 정부가 아직 공표하지도 않은 데이터를 손에 넣었던 것이다. 그뿐 아니라 각 개항장에 주재한 영사는 그 관할구의 차 생산과 무역에 관한 상세한 보고서를 작성하였는데, 예를 들어 요코하마(橫浜) 항으로부터 수출된 차 등의 수량을 역으로 계산하여 일본의 주요 차 생산 지역별 연간 생산량을 추산해 냈다. 산출량이 많은 지역부터 순서대로 열거해 보면, 수루가(駿河, 320만 파운드), 이세(伊勢, 293만 파운드), 엔수(遠州, 265만 파운드), 야마시로(山城, 160만 파운드), 에수(江州), 미노(美濃) 기타 지역순으로, 한해 총 산출량은 1,572만 파운드(무게 단위)였다.

이 수치와 일본 정부의 각 현별 조사를 직접 비교할 수는 없지만, 일본의 차 산업 상황을 전체적으로 잘 파악하였다고 할 수 있다. 그리고 결론적으로 일본 차는 영국인에게 적합하지 않다는 것이었다. 다음의 보고를 보자.

1867년에 영국 연방에 수입된 1억 4,500만 파운드(무게 단위)의 차 가
운데 일본 차는 겨우 103만 6,000파운드였고, 1870년에는 그 비중이
더욱 낮아져 전체 차 수입량 1억 4,000파운드 중에 39만 7,000파운드
에 불과하였다. 게다가 그 대부분이 미합중국 내지 캐나다로 재수출
되었다. 이와 같이 개항 이후 일본 차는 영국의 손을 거쳐 미국으로
재수출되었는데 1867년에 퍼시픽 메일이 샌프란시스코와 중국, 일본
과의 사이에 항로를 개설한 결과 미국과 일본 사이의 차 루트는 태평
양 경유로 변화하였다. 영국인과 미국인은 차에 대한 기호가 다르다.
영국인은 홍차를 좋아하지만 미국인은 주로 녹차 내지 착색하지 않은
차를 마신다.

조사가 상세하였다는 것뿐만 아니라 세계 시장에서의 일본 차
산업의 위치를 정확히 파악하였다는 것에서 영국의 시장 조사
능력이 감탄할 만한 수준이었음을 알 수 있다.

차의 직수출

일본은 세계적인 차 거래 상황에 어두웠기 때문에 직수출에서
도 만족할 만한 궤도에 오르지 못하였다. 1877년에서 1896년에
이르는 동안 차의 직수출 비율은 수량에서 3.9%, 금액에서 2.9%
를 차지하는 데 그쳤을 뿐이다. 즉 차의 대부분이 요코하마(横
浜)와 고베(神戸)의 외국 상인들을 통해서 판매되었던 것이다.
외국 상인들은 매입 상인을 통해 일본 각지의 차를 사들여 거류
지에 설치된 가공 공장, 이른바 '차 공장'에서 시장별로 재가공

하여 수출하였다.

차 공장에서 재가공하는 공정이란, 일단 완성된 제품에 다시 한 번 불을 지펴 충분히 건조시키는 작업을 말한다. 재가공이 필요했던 것은 개항장으로 보내진 일본 차가 대부분 건조가 충분히 되어 있지 않아 오랜 항해와 장기간의 보존에 적합하지 않았기 때문이다. 차 공장이 처음으로 요코하마에 등장한 것은 1862년경으로, 앞서 언급한 1873년의 영국 영사 보고에 의하면 그 해까지 요코하마의 차 공장 수는 15개에 달하였다.

차 공장은 대개 1,000㎡ 정도의 석조 단층 건물로 내부에는 화로가 약 200~300개 만들어져 있었다. 그 위에 걸어 놓은 철솥에 차를 넣고 열을 가하고 꺼낼 때 감청색, 황토색, 남청색 등으로 착색하였다. 차 공장에서 일하는 사람은 대부분 일본인 여공이었는데, 1872년을 전후하여 차 공장의 여공 수는 1,800에서 2,000명 정도였다. 작업장 내부는 수백 개의 화로에서 타오르는 불로 열기에 가득 차 있었고, 흐르는 땀과 착색에 사용되는 염료로 여공들의 얼굴에는 푸른빛이 돌았다. 중국인 감독이 곤봉을 들고 공장 내부를 계속해서 감시하였으며 여공들에게는 잠시의 쉴 시간도 허락되지 않았다. 문자 그대로 불타는 지옥이었다. 여름에는 거의 매일 몇 명씩 졸도하는 사람이 나올 정도였지만 결코 가혹한 노동을 면제해 주지 않았으며, 졸도를 하면 우물가로 끌고 가 머리부터 찬물을 끼얹은 다음 다시 작업장으로 데리고 왔다. 차 공장의 이러한 노동 조건은 일본인의 인권을 무시한 것이지만 치외법권 하에 있는 거류지였기 때문에 일본으로서는 아무 말도 할 수 없었다(『일본 차 수출 백년사』).

이러한 차 공장은 1897년을 전후하여 35~40년간 존속하였다. 일본은 인도처럼 식민지 상태에 놓이지는 않았지만, 차 수출에서는 외국 상인이 주도하는 이른바 반식민지적 예속 상태에 있었던 것이다. 외국 상인을 거치지 않고 일본 상인이 직접 외국에 판매하면 그 만큼 이익이 많다는 것을 알고는 있었지만 외국의 어느 나라로, 어떤 품종을, 어느 상사에, 그리고 언제, 어느 정도의 양을 보내야 하는지에 대해 잘 알지 못했고, 가격의 설정·보험·해외 송금 환율·대금 회수 방법 등 무역 실무에도 능통하지 못하였다. 그러므로 모처럼 해외 진출을 시도했던 일본 상인도 실패하는 경우가 많았다.

1887년 런던 주재 일본 영사는 「영국에 와서 상업을 경영하려는 자의 주의 사항」(『통상보고』 87·90·93·96호)이라는 장황한 제목의 글을 써서 본국에 보냈다. 그 일본 영사는 "지난해 적지 않은 수의 일본 상인이 물건을 판매하기 위해 영국에 와서 지점을 개설하고 영업을 시도하였지만 그들 대부분이 실패하고 말았다. 이제 그 실패 원인을 적어 영국에 와서 판매를 시도하는 일본 상인들이 참고하게 하고자 한다"라며 몇 가지 유의점에 포인트를 두어 충고하였다. 그 내용을 간추리면 다음과 같다.

첫째, 일본 상인은 상업학을 모른다. 즉 일본 상인은 무학무지하여 손님에게 그저 머리를 숙일 뿐이다. 상업학도 모르는데다가 영어도 할 줄 모른다. 이래서는 학문도 있고 경험까지 풍부한 외국 상인과 더불어 상거래를 할 수 없다.

둘째, 일본 상인은 상업상의 경험이 부족하다. 즉 해외로 나가 영업하려는 사람은 "체류할 나라의 풍토와 정서를 관찰하고 시장의 경향에 주목하여 기회와 변화를 감지하는 것이 가장 중요하다." 그러나 그것은 하루아침에 이루어질 수 있는 일이 아니다. 또 영어를 자유롭게 구사하고 정확한 영문을 쓰는 것도 쉽지 않다. 영국에 온 일본 상인 가운데는 이러한 능력을 갖춘 사람이 한 사람도 없었는데 이것이 실패의 한 원인이 된 것이다.

셋째, 일본 상인은 신용의 귀중함을 모른다. 영국인이 신용으로 성공하는데 반해, 일본 상인은 눈앞의 작은 이익에 현혹되어 신용의 귀중함을 종종 잊고 만다. 잠란지蠶卵紙를 위조해 신용을 떨어뜨리거나 사기詐欺와 같은 행동을 헤아릴 수 없이 많이 한다. 이렇게 해서는 실패하는 것이 당연하다.

넷째, 일본 상인은 인내심이 부족하다. 일본인 중에 체류국에 묻힐 각오로 인내심을 가지고 노력하는 사람은 거의 없다. "일본 상인들이 대성하고자 한다면 먼저 담력과 진취적인 정신을 기르지 않으면 안 된다."

다섯째, 일본 상인은 견본품의 성격을 오해하고 있다. 일본 상인은 견본에는 정성을 다하고 가장 좋은 재료를 사용하며 힘껏 그 기량을 다한다. 그래서 견본을 보고 실제 주문을 해보면 받아보았던 견본과는 달리 조악하다. 그리고 일본의 관청에서 영사관으로 상품 견본을 보내 그 평가를 문의하는 경우가 많은데 영사관 직원은 실업가가 아니므로 잘 알지 못한다. 앞으로 일본에서 견본을 보낼 경우에는 다음의 사항에 주의하여야 한다. ① 제조인의 성명과 주소, ② 대리인의 성명과 주소, ③ 거래 은행의 명칭과 소재지, ④ 한 해 생산액, ⑤ 대금(예를 들어 요코하마 交附인가, 런던 교부인가), ⑥할인할 경우.

기타 외환 은행과의 거래 방법, 런던의 상사와 처음 거래할 경우의 통신 방법 등 오늘날에는 이미 상식이 된 것들이지만 외국 무역의 경험이 전혀 없었던 1870년대 전후(메이지 초기)의 일본 상인들에게는 무엇보다도 이 같은 상거래의 ABC부터 외우게 할 필요가 있었던 것이다. 영사관은 기초적인 상거래 안내에서부터 각종 상품의 시장 조사와 일반 상업 현황 보고는 물론, 일본에서 보내 온 견본을 가지고 판매처를 찾아다니기까지 하였다. 그런데도 1887년경까지도 성공한 일본 상사는 거의 없는 실정이었다. 1884~85년경 당시 런던에 있었던 일본 상사는 오쿠라구미(大倉組), 미쓰이(三井) 상사, 무역상회지점, 마루코시구미(丸越組) 지점, 다카다구미(高田組)(일본인 주재원은 미쓰이 물산의 2명 외에 각 1명씩이었음)였다(『통상휘편』 참조).

사정이 이러하였으므로 일본 상품을 직수출한다고 해도 많은 어려움이 그 앞에 놓여 있었다. 따라서 1892년에도 일본의 수출입 무역 전체에서 외국 상인이 취급한 양이 무려 80.4%에 달하였다. 차의 직수출에 관해 말하면, 1899년에는 총 수출량의 13.7%, 금액으로는 불과 7.8%이었고, 1903년에 이르러서야 겨우 총 수출량의 28%, 금액의 26%로 개선되었다.

일본이 세계의 차 생산 및 주요 나라의 차 소비와 수요 공급 상황에 대해 전반적으로 파악하게 된 것은 불과 20세기에 들어서이다. 농상무성 농무국 『차업에 관한 조사』(1912년 12월)가 그 증거이다. 그러나 이렇게 세계 차 산업의 상황을 알게 되었을 때는 일본의 차 산업과 수출 무역이 이미 인도·실론과의 경쟁에 눌려 어려운 상태에 직면해 있을 때였다. 즉 1891년 및 1895년

에 수출액이 정점을 기록한 이후 1900년대에는 수출이 오히려
정체되거나 하락세를 보였던 것이다.

3
일본 차의 도전과 그 운명

러시아 시장으로의 진출과 실패

1884년에 설치된 중앙차업조합본부는 불량 차를 단속함으로써 차 산업의 개량과 진보를 도모하는 동시에 조사원을 해외에 파견하여 차 수요의 동향에 대한 정보를 수집하고 그에 따라 일본 차의 해외 판로를 확장하고자 노력하였다. 당시 일본의 거의 유일한 해외 시장은 미국과 캐나다였다. 그런데 1882년에 미국 의회가 불량 차 수입 금지 조령을 가결함에 따라 미국 시장에 의존하고 있던 일본은 위기를 맞게 되었다. 이에 진작부터 점찍어 두고 있던 러시아 시장이 갑자기 주목받게 되었다.

중앙차업조합본부는 러시아로 위원을 파견하여 시장 조사를 하려고 하였다. 그런데 1885년에 오쿠라구미(大倉組) 상회 런던 주재원인 요코야마(橫山孫一郎)가 런던에서 귀국한다는 보고가 전해졌고, 이에 요코야마가 귀국하는 길에 러시아를 경유하여 조사를 하도록 하게 하자는 의견이 나왔다. 또 농상무성에서는 조사 비용의 일부로 2,000엔을 내주기까지 하였다. 그리하여 요코야마는 1886년 5월에 조사를 마치고 귀국하여 러시아 및 시베리아 지역의 음차 풍습과 시장 동향을 보고하였다. 요코야마가 조사를 한 시기는 시베리아 철도가 아직 착공(1891)되기 이전이어서 많은 어려움이 있었을 것이다. 그는 상트 페테르부르크(현재의 레닌그라드)에서 일본 공사의 조회를 거쳐 동서 시장을 분주히 다니며 조사한 결과 "러시아 인의 차에 대한 애호는 예상을 넘어선 정도이며, 앞으로 이 나라에서 일본 차의 판로를 개척할 필요가 있다"는 것을 통감하였다.

요코야마가 보고한 러시아 차 시장의 상황은 다음과 같다. 러시아로 수입된 차는 1872년에서 1881년에 이르는 10년간 약 35%나 증가하였고 차 가격도 세계에서 유례가 없을 정도로 비쌌다. 주로 중국산 홍차와 벽돌차(磚茶)를 마시고 있었는데 그 수송로로는 해로와 육로 두 루트가 있었다. 해로로는 오데사(Odessa: 우크라이나 오데사 주의 해항이자 주도)와 기타 유럽 국경을 지나는 루트를 사용하였고, 육로로는 톈진(天津)에서 캬흐타(Kyakhta: 몽고 국경 근처 캬흐타 강 연변의 도시)를 거쳐 수입하였다.

그런데 러시아에서의 차 판매 방식은 유럽 여러 나라와는 사뭇 달랐다. 특수한 관습에 의해 10여 명의 호상豪商이 강권을 독점하고 있어 중국 차 이외의 차로 새롭게 판로를 개척한다는 것은 어려운 상황이었다. 그러나 러시아 정부는 정략상 일본 차를 수입하는 것이 유리하다고 생각하여 일본 차의 수입을 계속 종용하였다. 따라서 일본은 이러한 호기를 놓치지 않고 러시아 시장에 진출해야 했는데, 여기에는 두 가지 방법이 있었다. 그 하나는, 러시아 인이 종래 중국 차의 향미에 익숙해 있기 때문에 일본 차 그대로로는 그들의 기호에 맞지 않을 것이므로 그들의 기호에 적합하게 제조법을 바꾸고 판매 방식에서도 직수출의 위험을 피하여 런던 내지 함부르크 상인을 통해 진입시키는 것이었다. 다른 하나는 러시아의 수도(상트 페테르부르크)에 우선 일본 차 판매점을 개설하여 점차 수요를 넓혀 가는 것이었다(『농상무성 제6회 보고』 1886년, 『明治前期勸農事蹟輯錄』 하권 수록). 요코야마가 가져온 러시아 시장에 대한 이러한 정보는 일본 차 업계로서는 최초의 본격적인 정보였다.

1887년경, 일본은 한커우(漢口)의 영사관을 통해 러시아의 차에 대한 정보를 간접적으로 얻고 있었다. 『통상보고』는 당시에 일주일 내지 10일 간격으로 발행되었는데, 특히 1887년 6월부터 10월까지는 매호마다 한커우의 영사관 보고를 게재하였고 한커우에서 런던 및 오데사로 출항하는 기선의 수와 차 선적량을 상세히 보고하였다. 이에 의하면 오데사는 요코야마가 말한 것처럼 중국 차가 수출되는 곳으로서 런던에 버금가는 커다란 시장이었음을 알 수 있다. 그러나 러시아 국내에 관한 정보를 얻어내는 데까지는 미치지 못했다.

1888년에 조합 본부는 다시 러시아에 히라오(平尾喜壽)와 통역 담당 이치카와(市川文吉) 2명을 파견하였다. 그들이 어떤 정보를 가져왔는지는 알 수 없으나 꽤 정확한 정보를 확보하였던 것으로 생각된다. 그 정보를 기반으로 일본 차 직수출을 위한 일본 제차 회사가 설립되었다. 1890년 3월의 일이었다.

이 회사는 히라오(平尾喜壽, 高知縣), 다메 하치로(多米八郎, 靜

岡縣), 이토(伊東熊夫, 京都府) 세 사람이 차업자들의 총 대표 자격으로 러시아 시장 개척을 위해 설립한 회사로서 자본 총액 50만 엔, 한 주당 50엔, 농상무성으로부터 20만 엔의 보조금을 받았다. 오늘날로 본다면 시장 개척의 사명을 띤 국책 회사였던 것이다. 10월 주주총회에서 농상무 대신은 사장 후보 3명 가운데 오타니(大谷嘉兵衛)를 사장으로 지명하였다. 요코야마가 직수출 사업은 위험하다고 경고하였음에도 불구하고 러시아 시장을 향한 직수출 사업은 이와 같이 시작되었다.

그런데 1890년은 이제 막 성립된 일본 자본주의가 처음으로 본격적인 공황을 경험한 해였고 불경기가 전국을 뒤덮고 있었기 때문에 주식 모집이 그리 쉽지 않았다. 사업이 잘 풀리지 않자 20만 엔이라는 거액의 정부 보조금 혜택을 받은 것에 질시 반목하는 사람들이 나타나 내부의 혼란이 가중됨으로써 결국 그 보조금을 정부에 반납하고 회사를 해산하게 되었다. 이 때가 1891년 8월로 회사가 설립된 지 겨우 1년 5개월 만의 일이었다. 그러나 일본 제차 회사의 해산이 단지 불경기로 주식 모집이 어려웠기 때문만은 아니었다. 그 실패의 최대 원인은 러시아 시장 개척을 위한 정보 수집과 시장 조사가 충분하지 못했다는 데에 있었다.

러시아 시장은 크게 나누어 러시아 본국과 시베리아 지역으로 구분할 수 있는데 러시아 본국은 홍차를, 시베리아 지역은 홍차로 된 벽돌차를 소비하였다. 게다가 러시아의 차 수입량은 19세기를 지나면서 매년 비약적으로 증가하여 19세기 말에는 그 수입량이 영국에 이어 세계 제2위를 차지하게 되었다. 중국 차가 러시아로 공식적으로 수출되기 시작한 때는 네르친스크 조약을 체결하던 1689년 무렵인데, 19세기에 이르러서는 매년 차 소비량이 증가하였다. 기후 관계상 러시아 인은 하루에 보통 4~5회 정도 차를 마시는 것이 일반적인데, 마실 때마다 많은 양을 마셨다. 특히 하층민들이 차를 마시는 횟수는 더욱 많았으며 차와 빵으로 하루 식사를 대신하는 일도 흔해 "러시아 인이 가는 곳에는 사모바르(samovar: 러시아의 차 끓이는 주전자)와 아내가 좇아다닌다"고 할 정도로 차는 러시아 인의 일상 생활에서 중요한 필수품이었다.

1870년에 러시아 의용 함대가 극동 항로를 개설한 이후 중국 차의 일부와 인도 차가 해로海路로 오데사에 수입되면서 차의 소비량이 급속도로 증가하였다. 그리하여 차는 러시아의 외국 무역 품목 가운데에서도 중요한 수입품이 되었다. 그 수입량은 1891년에 3,200만 루블, 1896년에 4,200만 루블, 1900년에 4,700만 루블, 1907년에 765만 8,367루블로 매년 현저하게 증가하였을 뿐 아니라 수입 차의 60% 정도가 이제 블라디보스토크(1904년 4월 칙령으로 무관세 항이 됨)를 거쳐 수입되었다. 러시아 시장은 일본에게 있어 지극히 유망한 시장이었음에 틀림없었다.

그러면 실제로는 어떠하였을까? 여기에서 일본 차의 러시아로의 수출량을 살펴보면 다음의 〈표10〉과 같다.

러시아 시장이라 하여도 시베리아 지역으로의 수출은 주로 벽돌차가 압도적인 비중을 차지하였다. 그러나 일본 내에서 벽돌차 생산은 구마모토(熊本) 현과 후쿠오카(福岡) 현에 집중되어 있었고 다른 부현府縣에서는 전혀 생산되지 않았다. 그나마 후쿠

시대	녹차	홍차	벽돌차	기타	합계
메이지 27(1894)	1,499	1,062	98,822	498	101,881
28(1895)	1,573	1,780	95,268	1,232	99,853
29(1896)	1,849	3,898	219,273	265	225,285
30(1897)	1,928	6,864	24,378	290	33,460
31(1898)	1,763	24,310	62,545	145	88,763
32(1899)	1,558	13,531	142,159	1,039	158,287
33(1900)	399	35,530	478,920	80	514,929
34(1901)	525	12,560	845,343	1,755	860,183
35(1902)	1,928	5,756	1,274,118	949	1,282,751
36(1903)	1,674	10,181	5,759	378	17,992
37(1904)	—			—	—
38(1905)	100	7,685	66,783	0	74,508
39(1906)	14,725	23,977	1,230,857	1,173	1,270,732
40(1907)	7,468	20,161	211,430	9,850	248,909
41(1908)	3,439	9,462	248,642	190	261,733
42(1909)	1,235	2,306	275,625	1,107	280,273
43(1910)	194	750	11,310	50	12,304

〈표10〉 일본 차의 러시아로의 수출고(단위: 근)

오카 현에서도 1901년부터 1906년까지 몇 년간 생산된 것에 불과하였다. 벽돌차의 수출은 1883년부터 시작되었는데 1880년대 후반에는 극히 적은 양인 연간 1만 근 내지 2만 근을 유지했고, 1890년대 초반부터 1900년대 초반까지는 비약적으로 성장하였지만 1902년에 약 127만 근을 정점으로 벽돌차의 수출은 실패로 끝났다.

1907년 3월 20일자 블라디보스토크 일본 무역 사무관 보고 「러시아에 수입되는 일본산 홍전차紅磚茶(홍차로 만든 벽돌차) 무역에 관한 의견」(『통상휘찬』 25호)에 의하면, 일본의 홍전차는 러시아가 수입하고 있는 홍전차 총액의 불과 0.05%에 지나지 않으며, 중국 제품의 수입이 잠시 두절되었을 때에 일시적으로 신장

된 정도였다. 일본 벽돌차의 평이 좋지 못했던 것은 "품질이 지극히 열등하고 향미가 적으며…… 1회 이상 사용할 수 없고 또한 원료가 조악하고 제조 기계가 불완전하기 때문에 압착이 불충분하여 수송 도중에 원형이 훼손되는 경우가 다반사"였기 때문이다.

게다가 직수출을 위한 금융 기구가 완비되지 못했던 것도 실패의 커다란 원인이었다. 러시아의 상거래 관습에 따르면 상품을 인도할 때 1/4 정도의 현금을 지불하고 나머지는 짧은 경우 6~7개월, 긴 경우에는 1년에 걸쳐 장기 외상 판매하였다. 따라서 자본의 회수回收가 쉽지 않을 뿐 아니라 겨울에는 바다가 동결되므로 겨울 약 반 년 간은 블라디보스토크에서의 상거래가 중단에 들어가게 되어 경영상의 어려움이 컸다.

보통 해외 시장을 새로 개척할 때에는 시장 조사나 견본 발송 등과 관련하여 대개 현지 영사관의 도움을 받기 마련인데, 러시아의 경우에는 1876년에 블라디보스토크에 영사관이 개설된 이후 오랜 동안 영사관을 두지 않았다. 그러다가 1902년이 되어서야 오데사에 영사관을 개설하였으며 이어 1908년에는 니콜라예프스크에, 1909년에는 모스크바에 개설하였다. 이처럼 영사관이 정비되어 있지 않았던 20세기 전후에 아직은 낯선 러시아 시장에 진출한다는 것 자체가 무모한 일이었다. 여기에 러일전쟁(1904~05)의 발발이 커다란 타격이 되었을 것임은 말할 나위조차 없다.

1913년 11월 차업 조합 창립 30주년 기념 대회 연설에서 모스크바 총영사 가와카미(川上)는, 영국 다음의 세계 최대 차 소비국인 러시아 시장으로 일본이 여러 차례 진출을 시도하였음에도 실패로 끝난 것을 한탄하면서 그것은 단지 품질만의 문제는 아니며 일본의 차 상업과 생산 규모가 작아서 수요에 알맞게 대응하지 못했던 경영상의 문제에 더 큰 원인이 있다고 하였다. 이와 같이 일본 차의 러시아 시장으로의 진출은 실패로 끝났다.

최대의 시장 미국

개항 이후 일본이 발견한 최대의 시장은 미국이었다. 메이지(明治) 시대를 거치면서 제차 수출품의 약 80% 이상이 미합중국으로, 10% 전후가 캐나다로 수출되었다. 제차 수출이라고 해도 홍차와 벽돌차의 비율은 문제가 되지 않을 정도였고 수출품의 대부분이 녹차였으며, 미국은 일본 녹차의 최대 시장이 되었다.

	영국	영국을 제외한 유럽	캐나다	중국	일본	인도 · 실론	기타	합계
1871~80	3,235	25	81	33,991	22,272	876	1,478	61,961
(%)	(5.2)	(0)	(0)	(54.8)	(35.9)	(1.4)	(2.3)	
1881~93	2,695	20	437	41,555	36,038	500	2	81,251
(%)	(3.3)	(0)	(0.5)	(51.1)	(44.3)	(0.6)	(0)	
1894~1900	3,387	27	1,232	47,748	35,302	1,866	294	89,858
(%)	(3.7)	(0)	(1.3)	(53.1)	(39.2)	(0.2)	(0)	
1901~05	5,303	107	1,887	46,726	37,825	5,638	425	97,914
(%)	(5.4)	(0)	(1.9)	(47.7)	(38.6)	(5.7)	(0)	
1906~10	9,788	403	2,746	31,250	42,453	7,790	503	94,936
(%)	(10.3)	(0)	(2.8)	(32.9)	(44.7)	(8.2)	(0)	

〈표11〉 미국의 차 수입액(단위: 무게 단위의 파운드)

여기에서 미국의 차 수입액을 살펴보면 〈표11〉과 같다.

이 표에 보이는 바와 같이 1879년대에 중국 차가 전체의 약 55%를 차지하였는 데 비해 이미 일본차는 36%를 점하고 있었다. 양국의 수출 점유율을 합하면 90%가 되므로 사실상 중국과 일본 두 나라가 미국 시장을 지배하고 있었던 것이나 다름없다. 그런데 그 후의 양국의 추이를 살펴보면, 중국 차가 19세기 말부터 20세기 초에 이르면서 정체 내지 감소를 보인 반면, 일본 차는 점차 수출을 늘려 20세기 초에 이르면 중국 차를 뛰어넘어 제 1위로 도약하였다. 그러나 다른 한편에서 영국과 인도, 그리고 실론의 차가 급속히 미국 시장에 진출하였기 때문에 중국과 일본 두 나라의 수출량을 모두 합하여도 20% 정도밖에 되지 못하였다는 점에 주목할 필요가 있다. 이것은 그 즈음부터 미국인의 기호가 녹차에서 홍차로 변하기 시작했다는 것을 말해 주는 동시에, 일본 녹차계로서는 커다란 위협에 직면하게 되었다는 것을 말해 준다.

이 표에서 주의해 보아야 할 점은 미국인의 생활에서 차가 다른 음료와의 관계에서 어떤 위치를 차지하고 있었는가 하는 것이다. 미국은 지금도 그렇지만 세계 최대의 커피 소비국이다. 본래 미국은 영국의 식민지였던 당시에는 주로 차를 마셨다. 그런데 7년 전쟁(1756~63) 이후 영국 본국에서 식민지 미국의 자주적인 움직임에 대해 여러 가지 탄압적인 법령을 발표한 것이 문제의 발단이 되었다. 그 중에서 동인도 회사의 차 전매를 인정한 차조령茶條令이 미국 시민을 크게 자극하였다. 1773년 12월에 보스턴의 반反영국 급진파들은 인디언으로 분장하고 항구에 정박해 있던 동인도 회사의 선박 2척을 습격하여 배에 실려 있던 차 상자를 모두 바다에 던져 버렸다. 그 일대의 바닷물이 홍차로 물들었기 때문에 이 사건을 '보스턴 티 파티(Boston Tea Party, 1773)'라고 부르는데, 이 사건은 피식민지인의 저항을 한층 자극하여 미국 독립 혁명의 직접적인 도화선이 되었다. 이렇게 하여 독립을 달성하게 된 미국인들은 차에 원한을 갖게 되어 그후로는 차보다는 커피를 선호하게 되었다.

1793년에 커피 소비량이 2,400만 톤에 달하였던 데 비해 차는 겨우 200만 톤에 불과하였다. 그후 두 품목 모두 소비가 신장되었지만 1881~97년 사이의 소비 비율을 보면 커피가 약 83~89%인 것에 비해 차는 11~17%에 지나지 않았다. 즉 1세기 전과 비교해 차의 비율은 약간 신장된 정도이고 커피가 계속해서 압도적인 시장 점유율을 기록하였던 것이다. 일본 차가 최대의 수출 시장으로 믿었던 미국에서 차가 어느 정도의 위치를 차지하였는가는 이것으로 쉽게 짐작할 수 있을 것이다.

1898~1902년까지 5년간 미국 정부는 미국·스페인 전쟁의 비용을 염출하기 위해 수입 차에 관세를 부과하였다. 그러나 커피에 대해서는 세를 부과하지 않았는데 이것은 일본으로서는 사활이 걸린 문제였다. 이에 일본에서는 정부와 민간이 힘을 합하여 차세 폐지 운동을 전개하였다. 이 운동이 효과를 보여 차세는 폐지되었고 일본의 차 수출은 다시 활기를 찾게 되었지만, 미국에서의 차 소비 비율은 7~10%로 이전보다 떨어졌고 소비량도 크게 감소하였다. 일본 차의 위기는 그 정도에 그친 것이 아니었다. 시장 점유율이 낮아지는 한편, 차로서는 한집안 식구나 마찬

가지인 녹차와 홍차, 그리고 우롱차가 격렬한 경쟁을 하게 되는 지경에 이르렀던 것이다.

일본과 중국의 차 경쟁

한 부류에 속하는 차茶 내의 격렬한 경쟁은 특별히 20세기에 들어서 시작된 것은 아니다. 그것은 이미 일본 차의 수출이 시작될 때부터 비롯된 일이었다. 1860년대 말부터 1900년경까지는 일본 녹차와 중국 녹차 및 우롱차의 경쟁 시기였다.

1882년 10월, 뉴욕 주재 영사 다카하시 신키치(高橋新吉)는 외무부 요시다 기요나리(吉田淸成)에게 「일본과 중국에서 미국으로 수출되는 녹차와 홍차 비교 및 상황 보고서」를 보냈는데, 미국 시장에서 일본 녹차가 중국 녹차를 능가한 것을 칭송하는 내용이었다.

> 일본의 녹차가 미국으로 수출된 첫 해인 1857년에는 중국 녹차에 비해 겨우 1/50에 지나지 않는 소량이었지만 1875년 이래 점차 중국 차의 양을 초과하여 근래에 이르러서는 중국을 뛰어넘을 정도가 되었고 중국 녹차는 일본 녹차 수출의 절반에 불과한 상황에 이르렀다. 이는 일본의 차 무역의 승리이며 증산의 진보를 보여 준 축하할 일이다. 또 일본 녹차 제조인의 노력과 정부의 권장 보호가 거둔 성과임에 분명하다.

이와 관련하여 1857년부터 1882년에 이르는 동안 일본, 중국, 인도로부터 미국으로 수입된 차의 양을 보고한 통계표를 보면 다음의 〈표12〉와 같다.

각년도 6월 1일~5월 31일까지	일본 녹차	중국 녹차	중국 · 인도 홍차	합계
1859~60	365,300	17,859,100	13,495,300	31,719,700
1860~61	251,100	8,687,400	19,485,000	28,417,500
1861~62	322,100	12,565,200	15,037,000	27,924,300
1862~63	977,200	8,473,200	11,302,300	20,732,700
1863~64	2,412,800	12,094,000	10,818,800	25,325,600
1864~65	1,214,100	7,058,600	8,702,900	16,975,600
1865~66	7,592,300	12,774,200	11,581,400	31,947,900
1866~67	6,054,300	14,896,800	13,262,800	34,213,900
1867~68	7,102,700	13,482,000	13,307,100	33,891,800
1868~69	10,296,700	18,834,500	13,418,500	42,549,700
1869~70	10,852,520	18,771,700	13,081,000	42,705,200
1870~71	12,384,100	17,898,400	16,294,700	46,577,200
1871~72	15,842,119	20,226,731	21,611,438	57,680,288
1872~73	17,271,617	22,234,339	20,172,627	59,678,577
1873~74	18,459,751	19,846,729	13,843,244	52,149,724
1874~75	21,969,308	19,218,652	17,884,509	59,072,469
1875~76	26,282,956	17,076,417	13,039,901	56,399,274
1876~77	23,218,491	14,937,560	16,203,074	54,359,125
1877~78	22,558,088	15,623,372	20,574,460	58,755,920
1878~79	25,350,710	12,987,573	17,484,458	55,819,747
1879~80	34,758,172	15,333,000	18,664,683	68,755,855
1880~81	39,778,129	19,339,196	32,629,076	81,746,401
1881~82	35,137,933	20,708,746	24,340,632	80,187,311

〈표12〉 미국으로 수입된 일본 · 중국 · 인도 차의 수입량 1859~1882 (단위: 무게 단위의 파운드)

그러나 일본 차의 약진을 기뻐할 수만은 없는 사정이 있었다. 왜냐하면 일본으로부터 수출된 착색차着色茶 · 위조차僞造茶 · 조악한 차의 문제와 일본 차 상인의 현지 진출이 늦다는 문제가 있었기 때문이다. 착색차란 약품을 써서 차에 녹색을 입힌 것이고, 위조차와 조악한 차라는 것은 조악한 원료와 제조 과정의 부적함에 의해 발생된 불량한 차 일체를 말한다.

1883년, 뉴욕 신문은 일본의 착색차와 부정차不正茶에 관하여 보도하였다. 뉴욕의 차 심사원 데이비스(Davis) 박사가 현지의 일본 차 수입 상인 모씨로부터 견본으로 '단순한 분말'과 착색에 사용되는 혼합 가루를 구해 이것을 전문가에게 분석시켰다. 그 결과 '단순한 분말'은 석고 및 활석이었고 착색에 사용된 혼합 가루는 유해한 군청 색소였다는 것이 증명되었다. 또한 조악한 차를 상등품 차로 위조하여 판매하고 있는데, 이미 한 번 끓여 쓴 차 찌꺼기를 추려 다시 착색하고 충분히 건조시켜 시장에 내놓기 때문에 언뜻 보아서는 위조차인지 아닌지 알 수 없다는 것이다. 이 외에도 차의 중량을 늘리려는 목적으로 찻잎에 낙엽을 혼합하고, 심지어는 모래를 섞는 사람까지 있다고 하였다.

이어서 뉴욕에서 수입한 차를 착색 제조하는 곳이 5곳이나 된다고 보도하였는데, 부정차不正茶가 모두 일본에서 제조·수출되는 과정의 문제였는지 아닌지는 알 수 없다. 또한 그것이 일본인의 책임인지, 차 공장에 있는 외국 상인의 책임인지도 확실하지 않다. 어쨌든 이러한 사실이 일본 차의 명성을 훼손시켰으며 앞으로의 판매 활동에도 커다란 불안 요소로 작용할 수밖에 없었다. 이에 일본 차 업계가 1883년부터 일찌감치 부정차 단속을 자주적으로 규제하기 위해 조합 준칙을 작성하고 부정차에 대응한 사실은 앞서 언급한 바 있다.

한편 이와 관련하여 일본 국내에서는 제차 협회를 설립하였으며, 직수출 회사를 거치지 않으면 앞으로 수출에서 발전을 볼 수 없다는 것을 통감하게 되었다. 다카하시 신키치 영사는 「1883년 중 뉴욕 차 거래 상황 보고」(1884년 2월 13일부 영사 보고)에서 다음과 같이 말하였다.

일본 차가 뉴욕에서 필요 이상으로 가격이 붕괴되고 있는 것은 현지의 정보에 어둡고, 가격이 급격히 하락하거나 일본 차의 불경기에 대한 소문이 있으면 당황하여 어쩔 줄 몰라 하며 국내에서 급히 팔아 버리기 때문이다. 그 때문에 일본은 막대한 손해를 입고 있다. 지금 필요한 것은 '안으로는 협동 일치 단결을 기반으로 제차 협회를 설치하고…… 밖으로는 마땅히 하나의 직수출점을 해당 시장에 개설하여 빠른 시일 내에 요코하마(橫浜), 고베(神戶)의 상권을 회복하고 외국 시장의 무역 전쟁이 어떠한지 본국과 항상 긴밀하게 연락하도록' 하여야 한다는 것이다. 그리하여 일본 차 사업을 유지하기에 이르면 반드시 장래에 좋은 결과를 얻을 것이라는 사실은 의심의 여지가 없다.

이러한 요청에 따라 직수출 사업이 성공을 거두게 된 것은 거의 10년이 지난 1895년에 이르러서였다. 1895년은 청일전쟁에서 일본이 승리를 거둔 해로, 요코하마와 고베에 차 직수출 회사가 설립되었다. 요코하마의 회사는 오타니(大谷嘉兵衛)를 사장으로 하는 일본 제차 주식회사로 그 설립에 즈음해 시즈오카(靜岡縣) 차업 조합 연합회의소는 시험 판매 보조금으로 500엔의 현금을 출원하였다. 한편 고베의 회사는 1년 늦은 1896년에 발족하여 일본 제차 수출 회사라고 명명하였다.

이 두 회사는 전국차업회의 보호와 지도에 의해 설립된 것으로 주로 녹차의 재제조와 포장을 하여 이것을 미국과 캐나다로 직수출하는 일을 하였으며 매년 그 실적이 증가하였다. 이 두 직수출 회사의 성공에 자극받아 1897년 이후 각지에 직수출 회사가 설립되었고, 1887년에 총 수출량의 3.9%이었던 일본 차의 직수출이 1899년에는 28%로 증가하였다. 이처럼 일본 차가 중국차를 누르고 약진한 배경에는 일본 국내의 일치 단결된 노력이 있었다.

녹차와 홍차의 경쟁

한편 녹차와 홍차 역시 경쟁에 직면해 있었다. 미국에서 홍차(중국 홍차 및 인도 홍차)는 주로 영국을 통해 뉴욕, 필라델피아, 보스턴과 같은 동부 여러 항구에 수입되어 그곳에서 서쪽으로 소비 시장을 넓혀 가고 있었다. 한편 녹차(일본 차 및 중국 녹차)는 태평양을 건너 샌프란시스코에 수입되어 그곳에서 시카고 등 동부 지역으로 진출을 꾀하였다. 1882년은 인도 차가 처음으로 미국에 진출한 해로, 동부 여러 도시에서는 진작부터 "녹차와 홍차 두 차의 싸움터와 같아 그 수요 또한 서로 차별이 없다. 이 시기에 녹차의 세력이 증진되면 홍차가 퇴보하여 동부의 한 구석으로 밀려날 것이고, 만약 홍차가 승리하면 녹차는 샌프란시스코 밖으로 내쫓길 것이다"라고 하였을 정도로 격렬한 시장 다툼이 시작되었다.

녹차가 승리할 것인가, 홍차가 승리할 것인가? 이 전쟁에 녹차를 대표로 하는 동양, 아니 일본의 운명이 달려 있었다. 뉴욕의 다카하시 영사는 "실로 홍차와 녹차가 서로 경쟁하는 지금,

동양의 녹차를 생업으로 하는 사람들은 더욱 노력하여 양질의
물품을 만들고 미국인의 기호에 적합하게 하는 데 전력을 다해
야 한다. 무릇 동양의 녹차가 이곳 미국에서 실패하면 앞으로 어
디에서 이만한 공급량을 소비할 곳을 구할 수 있겠는가"(「일본
및 중국에서 미국으로 수입되는 녹차와 홍차의 비교 및 상황 보고서」
1882년 10월 14일자)라고 하는 실로 비장한 격려문을 보냈다.

연도	홍차	녹차
1907	22,260,402	44,608,580
1908	25,569,231	40,177,096
1909	30,926,644	51,344,548
1910	44,081,819	43,761,013
1911	48,837,204	50,761,847
1912	56,354,037	43,384,817

〈표13〉 미국으로 수입된 홍차 및 녹차, 1907~12(단위: 무게 단위의 파운드)

녹차와 홍차의 경쟁은 그후 더욱 격렬해졌다. 1893년 시카고
만국박람회 이후 인도와 실론의 홍차가 미국 시장에 밀려 들어
왔고 그 후에도 수요는 계속해서 증대하였다. 이에 가장 커다란
영향을 받은 것은 중국 녹차로, 1898년경부터 점차 쇠퇴하였다.
미국이 착색차를 꺼려했기 때문이다. 일본 녹차도 영향을 받았
지만 중국 차가 감소하였기 때문에 오히려 수출이 증가하여 20
세기 초에는 미국에서 수입액 면에서 제1위를 차지하였다.
    그리하여 일본 녹차는 인도·실론의 홍차와 정면 대결하게 되
었다. 인도와 실론의 차업자는 자신들의 홍차로 녹차를 압도하
려고 계획하였다. 그러나 그 계획은 처음에는 그다지 성공하지

못하였다. 왜냐하면 미국에서는 차라고 하면 녹차를 의미하였고, 여기에 설탕과 우유를 넣어 마셨기 때문이다. 그만큼 녹차의 지반이 공고하였기 때문에 인도도 하는 수 없이 일본 녹차를 모방한 제품으로 수출에 진력하지 않을 수 없었다. 결국 일본이 미국 녹차계의 패권자가 되었다. 20세기 초부터 제1차 세계 대전 이전까지는 미국 수입 녹차의 60% 내외를 차지하였고 그 품질에 있어서도 다른 나라가 모방할 수 없는 특색을 갖추었다. 특히 1911년 5월 이후에 미국이 착색차의 수입을 엄중히 금지하였기 때문에 종래 착색을 관습적으로 해 왔던 중국 차는 수입 거절 조처를 받은 반면, 일본 차는 착색을 하지 않았기 때문에 한층 명성이 높아졌다.

그렇다고 일본의 녹차가 아무런 경쟁 없이 지속적인 성장을 이룬 것은 아니었다. 홍차 수입이 급속히 증가되어 녹차의 수입과 소비가 정체되었던 것이다. 〈표13〉에서 보이는 바와 같이 홍차의 수입은 1907년부터 1912년까지 5년간 실로 2.5배의 비약적인 증가를 보였다. 마침내 1912년에는 홍차가 녹차의 수입량을 상회하였다. 미국 시장에서의 이 같은 녹차의 답보 상태와 홍차의 급속한 소비 증대 현상을 어떻게 설명할 수 있을까? 상품으로서의 차의 문제와 일본 · 인도 · 실론의 선전력과 생산력의 차이 등 일본 차에 불리한 경제적 문제가 크게 작용하였다는 것을 부정할 수는 없다. 그러나 일본의 녹차 문화와 서양의 홍차 문화가 미국에서 경쟁 대립할 때에 일본의 녹차 문화가 홍차 문화권에 속한 미국인에게 친숙하게 접근하기 어려웠다는 점에 특히 주목할 필요가 있다.

녹차 문화와 홍차 문화의 대결

녹차와 홍차의 경쟁은 어떤 의미에서는 녹차 문화와 홍차 문화의 대결이었다고 할 수 있다. 일본 녹차가 미국과 캐나다의 시장뿐 아니라 널리 세계 각지에 시장을 확대하기 위해서는 기회가 닿을 때마다 일본 차를 선전할 필요가 있었다. 해외 선전의 장場으로 이용된 것은 해외 박람회였다. 일본이 박람회에 차를 최초로 출품한 것은 1870년 샌프란시스코 공업박람회 때였다. 그 다음으로 1873년 빈 박람회, 1876년 필라델피아 만국박람회 등 1885년까지 세계 각지에서 박람회가 개최된 것이 20회에 이르렀는데, 그럼에도 일본 정부는 상당한 고심을 하면서 차를 출품하였다.

다행히 박람회에서 일본 차는 호평을 받았다. 일본 정부는 박람회 기간 중 찻집을 열어 박람회에 온 사람들에게 차를 맛보게 함으로써 직접 외국 사람들에게 일본 차를 선전하는 방법을 취했다. 그 방법을 최초로 실행한 것은 1893년 아메리카 대륙 발견 400주년을 기념하여 개최된 시카고 만국박람회 때였다. 일본 차의 분위기를 살리기 위해 이곳에 연 찻집의 실내와 정원을 일본풍의 장식으로 한껏 살려 냈다. 일본 녹차가 받아들여진 시카고에서의 선전이었으므로 입장객이 16만을 넘는 성황을 이루었다. 그러나 이 많은 입장객 가운데 과연 몇 명이나 우유와 설탕을 넣지 않은 일본 차에 친숙해질 수 있었을까?

1900년에 파리에서 개최된 만국박람회에서도 차업조합중앙회의소는 정부로부터 보조금을 받아 일본 차 선전을 위한 찻집을 열었다. 그 건물은 이층 건물이었는데 위층에는 내빈용으로 일본식 다실을 설치하고 다실에 일본 부인 한 명을 두어 서비스를 하게 하였다. 가루차(抹茶), 옥로玉露를 희망하는 사람도 이곳에서 접대하였다. 아래층에는 프랑스 소녀 대여섯 명을 고용해 일본식 의상을 입히고 녹차 서비스를 하게 하는 등 일본 차 선전에 노력하였다. 그런데 그 결과가 어떠했는가는 파리 만국박람회에 대한 정부의 공식 보고서 『임시박람회 사무국 보고』(농상무성, 1902년)에 실린 다음의 글에 잘 나타나 있다.

> 손님들 가운데 녹차를 찾는 사람도 적지 않았지만 반드시 설탕을 요청하여 차에 타 마셨으므로 결국 순수하게 차 본래의 맛을 감상하고자 한 사람은 없었다고 하겠다. 점원이 녹차를 마시는 방법부터 시작해 그 분석 결과와 제조법에 이르기까지 친절하게 설명하며 기호를 유도해 보려고 노력하였다. 그러나 입과 혀의 기호는 하루아침에 바뀔 수 있는 것이 아니다. 하물며 풍토가 다르고 상식하는 음식이 전혀 상이한 데 있어서야 더욱 그러하지 않겠는가?

이처럼 홍차 문화가 지배적인 유럽에서 일본 녹차의 향미를 선전한다는 것은 매우 힘든 일이었다. 계속해서 다음과 같은 기록이 보인다.

> 녹차의 판로를 프랑스와 다른 유럽 각국에서 구한다는 것은 대단히 어려운 일이다. 마침 일본 정원 옆에 설치된 실론 찻집은 고객이 항상 가득 찼는데도 불구하고 일본 찻집은 대개 한산한 감이 돌았다.

파리 만국박람회에 차를 출품한 나라는 일본 외에도 중국, 인도, 실론, 프랑스, 러시아 및 하와이가 있었다. 이들 가운데 유독 일본과 실론이 찻집을 개설하였는데, 실론의 업자는 판매 확장

그림21 파리 만국박람회의 일본관

에 열을 올렸다. 실론 찻집에서는 영국 여성을 감독자로 하고 그 밑에 실론에서 데려온 여성들을 두어 서비스를 하게 하는 한편 시음자에게는 일일이 분석표를 나누어 주고 그 성분이 얼마나 영양적으로 풍부하고 건강에 좋은가를 강조하며 건강 식품임을 적극 선전하였다. 일본의 다도 문화와 정신 문화를 강조하는 녹차 선전은 영양과 건강으로 호소하는 홍차의 물질 문화 선전에는 도저히 대적할 수 없었다. 일본의 미술 공예품의 경우에는 파리 만국박람회에서 많은 칭찬과 높은 관심을 받았지만, 차의 문화에 있어서는 처음부터 녹차 그 자체조차도 받아들여지지 못하였던 것이다.

두터운 문화의 벽

일본 차의 향미는 실로 미묘하다. 그 미묘한 향이 일본의 풍토와 물, 분위기 속에서 맛볼 수 있는 것이라면 일본 차가 국제성을 띠기는 어려울 것이다. 실제로 일본인은 미국으로 수입된 일본 차가 일본인이 마시는 방법대로 음용되지 않을 뿐 아니라 미국인이 일본 차 마시는 방법을 제대로 알지 못하면서 또한 알려고도 하지 않아 끊임없이 애를 태워야 했다.

미국에 체류 중이던 농상무성의 해외 실업 연습생인 가미야 세이지(神谷政司)는 「미국인의 차에 대한 기호」라는 보고서에서 "일본 차를 마셔 본 미국인들은 그 향기의 미묘함을 좋아한다. 그러나 미국인들은 언제나 우유나 설탕을 혼용하여 마시기 때문에 잔향이 미묘한 일본 차 특유의 향미나 색은 잃고 만다. 드디어 차인지 우유탕인지 구별하기 어렵게 된다"(『세계의 차업 현황』, 1913)라며, 일본 차에 설탕과 우유를 타서 마시는 방법은 모처럼 느낄 수 있는 미묘한 향을 사라지게 해 일본 차의 장점을 알 수 없게 한다며 미국인들의 모자란 미각 센스를 한탄하였다.

가미야는 또한 다음과 같은 에피소드를 소개하였다. 어느 날 미국 부인 수십 명을 일본 다도에 초대하였는데, 차를 대접받은 한 부인이 엷은 차(薄茶)에 독이 들어 있는 것이 아니냐는 질문을 해서 놀란 적이 있다고 하였다. 그는 일본인의 입장에서는 당치도 않다고 생각되는 것이 가치관의 차이로 다른 사람에게는 쉽게 이해되지 않는, 너무나도 두터운 문화의 벽이 일본 차 앞에 존재하고 있다는 사실을 깨닫게 되었다. 그리고 '미국의 부인들은 음식물에 대해서는 상당히 보수적이므로 그 음식에 어떤 성분이 들어 있고 인체에 어떤 작용을 미치는가 하는 것이 연구되어 나오기 전에는 쉽사리 그것을 먹으려 하지 않는 점'이 일본의 일반 부인들과 다르다는 것을 알게 되었다. 홍차의 소비가 신장 일변도에 있었던 것에 비해 녹차의 소비가 저조하였던 것도 이러한 미국인의 기호에 녹차가 맞지 않았기 때문이다.

그렇다면 그 이전까지는 무슨 이유로 홍차보다 녹차의 소비가 더 많았던 것일까? 그것은 단지, 녹차가 홍차보다 먼저 미국 시장에 소개되었다는 이유밖에 없다. 미국인의 기호에서 보면 녹차보다 홍차 쪽이 본래 적합하다. 홍차가 녹차를 누르고 현저하게 진보하게 된 것이 인도와 실론의 차 광고 선전의 결과때문만은 아니다. 그렇다면 일본 차의 장래는 어둡다고 할 수 있다. 가미야도 "녹차가 미국 시장에서 소비되는 것은 이제 그 최대 한계에 도달했다는 것을 부정할 수 없다", "나의 견해로는 앞으로는 녹차보다는 홍차 소비율의 증가가 더 클 것이다"라고 하여 일본 녹차의 장래에 비관적인 견해를 보였다.

녹차가 불가능하다면 도대체 어떻게 해야 좋은가? 가미야는 녹차에만 의지하지 말고 홍차의 제조에 심혈을 기울이자는 제안을 하였다. 그 동안의 홍차 제조는 정부가 산업 진흥에 노력을 쏟았음에도 불구하고 그 결과가 만족스럽지 못하였다. 이러한 상황에 대해 가미야는 지금에 와서 언급하는 것은 좀 늦은 감이 있지만 종래 일본 다원에서 생산한 잎을 사용하여 홍차를 제조하지 못했다고 해서 홍차 제조 자체를 체념하기에는 이르다고 주장하였다. 그는 인도와 실론에서 녹차를 생산하기 시작했다면 일본에서도 홍차를 만들어야 한다고 하였다.

이어서 가미야는 산업 조직의 개량을 제안하였다. 영세한 일본 농가는 차의 재배와 제조에 필요한 자금을 충분히 가지고 있지 못했기 때문에 차 제조 사업의 발달에 오히려 저해가 되었다. 가미야는 이 폐해를 없애기 위해서는 산업 조합의 설립과 보급이 필요하며, 판로 확장과 관련해서는 산업 조합에서 직접 수출한다면 종래 소자본의 차업 회사가 자금 결핍 때문에 수확기 말에 투매하여 가격을 떨어뜨림으로써 함께 망하는 일을 방지할 수 있다고 하였다.

그 외에도 미국과 캐나다의 해외 시장에만 의존하지 말고 러시아와 유럽으로 그 판로를 확장해야 한다고 하였다. 그러나 이는 이미 시험했던 일들을 다시 반복한 진부한 견해로서, 기사 회생할 수 있는 새로운 묘안을 제시하지 못하였다. 일본 차가 그 최대 시장이었던 미국에서 인도와 실론 홍차에게 압도당한 것은 최대 위기였음에 틀림없다. 그리고 그것을 대치할 활로가 쉽게 보이지 않았던 것도 사실이다.

오카쿠라 덴신의 『차의 책』

이러한 상황에서 단지 상품적 측면이 아니라 정신 문화로서의 측면을 강조하여 미국뿐 아니라 세계 지식인에게 일본의 차를 호소한 것이 오카쿠라 덴신(岡倉天心)의 『차의 책』(The Book of Tea, 1906)이다.

덴신(天心)이 미국 보스턴 미술관의 동양부 고문으로 있을 때 저술한 이 책은 1906년 5월에 뉴욕에서 출판되었다. 당시는 일본이 러일전쟁에서 승리하고 난 직후라서 일본에 대한 세계의 평가와 관심이 그 어느 때보다 높아 있었다. 그와 동시에 미국에서는 '황화론黃禍論'이 고조되어 일본 이민을 제한하려는 움직임이 일어났던 때이기도 하다. 1906년 3월에는 캘리포니아 주의회에서 일본 이민 제한에 관한 결의안이 채택되기까지 하였다.

그때 덴신은 동양의 마음을 차에서 구하고 차의 철학을 설명하였다. 한 잔의 차, 여기에 인생의 아름다움과 조화와 화락和樂이 있다는 것이다. 그리고 차는 단지 음료일 뿐만이 아니라 '문화'라는 점을 강조하였다. "차는 약용으로 출발하여 이후 음료가 되었다. 중국에서는 8세기에 고상한 유흥의 하나로 시가詩歌의 경지에까지 이르렀다. 15세기에 이르러 일본은 이것을 더욱 고양시켜 일종의 심미적 종교, 즉 다도로 발전시켰다"(제1장 「인정의 그릇」)라고 하여 다도의 정신을 정성껏 설명하였다. 그러나 "오늘날의 산업주의는 세계 어디에서도 진정한 풍미를 느끼게 하는 것을 곤란하게 한다"라는 입장에서 역설力說한 그의 동양차의 정신이 물질적 향락주의에 흠뻑 젖어 있는 미국인의 마음에 과연 어느 정도나 받아들여질 수 있었을까?

그후 『차의 책』은 차츰차츰 외국인에게 조용하게 반향을 불러일으켰다. 1928년까지 14판을 찍었고 프랑스어, 독일어, 스웨덴어, 스페인어로 계속해서 번역된 것은 니토베 이나조(新渡戶稻造)의 『무사도武士道』(1900)와 함께 당시로서는 이례적인 일이었다. 드디어 다도가 일본 문화의 정수로서 국제적인 주목을 받게 된 것이다. 한편 다도 문화에 관심을 가지고 일본을 방문하는 외국인들도 증가하였다. 1860년대 말에 고용되어 일본에 왔던

에드워드 모스(Edwards Morse), 『다도』(1905)를 주제로 한 책을 고베(神戸)에서 자비 출판할 정도로 다도 애호가였던 포르투갈인 웬세스라오 드 모라에스(Wenceslau de Moraes) 등이 특히 유명하였다. 게다가 다실과 일본의 도기가 외국인들 사이에서 일본 문화에 대한 이해와 관심을 서서히 끌어 높이고 있었다(岡田章雄, 『외국인이 본 다도』, 담교사, 1976년 참조).

그럼에도 불구하고 일본 차는 미국과 유럽에서 일반적인 문화로 자리잡지 못하였다. 일본 차를 상품으로 선전하였던 방법으로 다도 문화를 강조한 것은 만국박람회에서처럼 결코 성공하지 못했던 것이다.

캐나다에서의 일본 녹차

미국이 일본 녹차의 최대 시장이었던 점은 분명한 사실이지만, 미국에 인접한 캐나다 또한 미국에 버금가는 큰 시장으로서 유망한 곳이었다는 점을 잊어서는 안 된다.

1897년 8월 15일부 벤쿠버 영사관 보고(『통상휘찬』 78호)에서 "일본의 차업자는 종래 차 판매에서 유독 미국에 무게를 두었던 경향이 있고…… 또한 차 수출 장려책 역시도 미국에만 편중되어 있었던 것 같다. 그 반면 캐나다의 차 제품에 대한 호의를 간과하고 있는 것 같다"라고 한 것처럼, 캐나다는 당시 주목받지 못하고 있었다. 그러나 실상은 캐나다로 수출된 일본 녹차는 1880년대 중반 이후 점차 그 중요도가 높아갔고 캐나다 녹차 시장이 일본 차의 독무대가 될 정도였다. 여기에서 캐나다의 녹차 수입량을 살펴보면 다음의 〈표14〉와 같다.

	인도	중국	일본	영국	미국
1866		1,683,567	8,576,353	2,529,231	1,866,480
1888		1,169,579	6,701,303	1,541,297	483,676
1890	8,810	516,744	7,294,436	1,023,768	537,137
1892		792,545	11,706,754	778,915	376,812
1894	13,526	985,063	8,007,315	449,265	748,956
1896	43,331	1,119,824	9,624,375	364,931	147,496
1898	33,459	1,103,887	8,139,935	319,050	324,666
1900	20,068	1,093,215	8,463,331	183,070	104,749
1902	503,066	393,338	6,430,984	201,952	127,240
1904	5,360,268	1,425,289	6,374,013	1,195,614	516,436
1906	1,565,148	420,687	3,768,310	537,447	95,217
1908	2,006,291	719,369	4,271,365	692,590	167,898

〈표14〉 캐나다의 녹차 수입량, 1886~1910(단위: 무게 단위의 파운드)

이 표의 내용은 나중에 다시 자세히 검토하기로 하고, 우선 여기에서는 1887년 이후 1900년대 초까지 캐나다 녹차 수입량 중의 80~90%를 일본 차가 차지하고 있었다는 점에 주목해 보겠다. 1890년부터 1900년에 이르는 10년간 캐나다로 수입된 차(홍차와 녹차를 포함)의 수입량을 보면, 이 사이 차의 수입량은 1770만 근에서 2470만 근으로 대폭 증가하였다. 캐나다의 인구는 1890년에 약 500만 명이었다. 이 기간 동안 증가된 인구 60만 명을 감안하더라도 1인당 평균 수입량이 3.7근에서 4.5근으로 현저하게 증가하였다는 결론이 나온다.

게다가 19세기 말에는 캐나다 국민 1인당 차 소비량이 호주, 영국에 이어 세계 제3위를 점하게 되었다. 이에 비해 미국 국민

1인당 차 소비량은 캐나다의 절반 이하에 불과하였다. 이로써 차업자에게 있어 캐나다 시장이 얼마나 중요하였는가를 알 수 있다. 단, 주의할 것은 앞의 표에도 나타나 있듯이 캐나다에서도 녹차의 소비와 수입은 정체 내지 감소 경향을 보인 반면 홍차의 소비와 수입은 급속하게 증가하였다는 사실이다.

그리고 미국 시장에서처럼 중국의 홍차는 점차 감소하고 대신 인도와 실론의 홍차가 급속하게 진출해 들어왔다. 1900년의 경우, 홍차 수입량 1,500만 근 중에 인도와 실론의 차(영국을 거쳐 들어온 홍차까지 포함)가 1,000만 근을 넘은 반면, 중국 홍차는 겨우 280만 근에 불과하였다. 같은 해 녹차 수입량 약 974만 근 중에 일본 차가 848만 근으로 87%라는 압도적인 비중을 차지하며 말 그대로 독무대를 누리고 있었다.

어떤 점이 캐나다 국민들로 하여금 일본 차를 애호하게 만든 것일까? "일본 차는 그 품질상 추운 나라 사람들에게 가장 널리 알려졌다. 이는 필경 신경을 강하게 자극하기 때문일 것이다. 이 때문에 북미 및 캐나다의 벌목인들이 일본 차를 많이 소비한다"고 하여 특히 캐나다에서 평판이 좋았다. 그러나 캐나다 시장에서 소비되는 차의 대부분은 하등품의 차로 중급이나 보통 차가 많았다. 상등품 내지 특등품 차 같은 상등품의 판로가 아주 없었던 것은 아니지만 매우 적었다(「1892년 캐나다 무역 상황」 밴쿠버 일본 영사관 보고).

일본 녹차가 대량 소비된 곳은 주로 온타리오 주나 퀘벡 주 같은 캐나다 동부(노바스코샤, 뉴브런즈윅 주 제외)였고, 캐나다 서부에서는 거의 수요가 없었다. 즉 영국령 콜롬비아 주의 주민들 대부분은 인도 홍차를 전용하고 있어 '일본 차 같은 것에 기호를 가지고 있는 사람은 거의 없고 겨우 일본 차를 인도 차에 섞어 마시는 정도에 불과한' 상태였다. 그런데 바로 남쪽 국경을 넘어 있는 미국 워싱턴 주에서는 주민들 거의 대부분이 일본 녹차 애호가였다(「영국령 콜롬비아 주 홍차·녹차의 실태」 1895년 10월 7일 벤쿠버 영사관 보고, 『통상휘찬』 30호).

이상 살펴본 바와 같이 캐나다 시장은 당시 인도와 실론 홍차, 그리고 일본 녹차가 서로 먹고 먹히는 격렬한 각축장이었다. 1892년에 일본 녹차가 약진할 당시 벤쿠버 주재 부영사 기토 데이지로(鬼頭悌二郎)는 "앞으로 일본 차의 적은 실론 차가 될 것이다. 그 판매와 거래가 자못 활발하므로 그 진보 또한 신속하다"고 하여 실론 홍차와의 경쟁을 경고하였다. 약 10년 뒤인 1902년경의 추세를 보면, 일본 차는 "과거 10년간 진보하지 못하고 오히려 퇴보한 양상을 띠는데 비해 실론과 인도 차는 해마다 진보하며 비약적인 증가를 계속하고 있다"고 할 정도였다. 사실 인도와 실론으로부터 직접 캐나다로 수입된 홍차는 영국을 경유해 수입된 것을 제외하고도 1890년에는 18만 8,400근, 1896년에는 148만 7,800근, 1900년에는 약 774만 근으로 10년간 무려 40배 이상의 급증을 보였다.

인도·실론 차의 도전

그렇다면 어떻게 인도와 실론 차가 급속하게 시장을 확대할 수 있었는가? 그들이 관세나 정부의 보조를 받아 성공한 것은 아니었다. 한마디로 인도와 실론의 사업자의 월등한 생산 기술과 판매 정책에 의한 것이었다. 즉 그들은 '먼저 차의 품질을 향상시키고 가격을 낮추어 소비지의 도매 상인과 직접 거래하여 그 이득을 한층 높였다. 또한 광고를 위해서는 신문·잡지·편지 등에 다액의 광고비를 지출하는 것을 아끼지 않았다. 또 때때로 찻집을 도시에 개설하여 방문객들을 접대하고 무료로 견본 차를 배포하는 등 판로 확장에 오산이 없도록 만전을 다하였던' 것이다.

그러나 그들이 처음부터 홍차 한 가지만을 가지고 뛰어들었던 것은 아니다. 캐나다 국민들 대부분이 일본의 녹차를 애호하고 있었기 때문에 뒤늦게 뛰어든 그들은 일부러 인도와 실론에서 캐나다에 팔 녹차를 제조하고 가격도 낮추어 일본 차에 대항하였다. 그리하여 동일한 품질의 녹차가 일본에서는 1근에 23~24센트로 들어온 데 비해 인도와 실론에서는 1근에 16~17센트라는 터무니없이 낮은 가격으로 들어왔다. 그리고 이러한 기회를 틈타 그들은 자주 광고의 힘을 이용하여 인도와 실론의 녹차는 품질이 우수하고 가격도 저렴하지만, 일본 차는 모두 인공 착색을 해서 위생상 해롭고 가격도 매우 비싸다고 선전하였다. 이에 대해 벤쿠버 영사는 일본이 "비상 대책을 강구하지 않는다면 일본 차가 캐나다에서 이룩한 아성을 잃어버리고 인도와 실론 차가 대신 그곳을 차지하게 될 것이다"라며 일본 차의 위기를 호소하였다.

물론 일본도 그대로 가만히 있지는 않았다. 그들도 선전에 열을 올린 것이 사실이다. 그러나 그 선전 방법이 참으로 미숙했다. 일례로, 1897년 7월 벤쿠버의 번화가에 엠프레스라는 일본 차 판매 상점을 개점하였는데 그 상점 앞의 커다란 유리창에 금색 글자로 "차 1파운드를 사시는 손님께는 최상급 굵은 설탕 2 파운드를 증정합니다"라고 써 놓은 것을 들 수 있다. 경품으로 준 굵은 설탕은 도매 가격 1파운드 5센트의 상등품으로서 소비자들을 놀라게 하기에 충분하였다. 그러나 경품을 주는 일본식의 판매 방식은 하층 소비자에게는 효과가 있었지만 중산 계층 이상의 사람들에게는 빈축을 산 미숙한 판매 방법이었다. 벤쿠버 주재 영사는 중류 계층 이상의 사람들에 대해서는 고상한 다회를 개최한다든지 찻집을 개설하여 다기나 부채 같은 미술품이나 기후(岐阜) 특산의 제등提燈을 진열한다든지 하는 보다 품위 있는 선전 방법을 동원하는 것이 좋다고 하였다.

일본 차보다 저렴하고 건강에 좋은 '건강 음료'라고 하는 하드웨어로 승부에 도전해 온 인도와 실론 차에 대해 '문화'라고 하는 소프트웨어로 대항한 일본 차가 어느 정도의 효과를 거두었을까? 캐나다에서는 홍차를 살 수 없는 하층 계급 사람들이 녹차에 설탕과 우유를 넣어 마시거나, 또는 홍차를 절약하기 위한 방법으로 홍차에 녹차를 조금씩 섞어 마셨다. 캐나다에는 녹차가 빈민의 음료라는 이미지가 자리하고 있었기 때문에 몬트리올과 토론토 등의 일류 호텔에서는 녹차를 준비하지 않는 것이 일반적이었다. 녹차에 대한 이러한 이미지가 퍼져 있던 캐나다에 일본 문화의 고상함으로 접근한 선전이 얼마나 효과가 있었을지 의문스럽지 않을 수 없다.

일본 차의 문제점

확실히 상품이라는 면에서 일본 차가 인도나 실론 차의 허점을 이용할 틈이 전혀 없었던 것은 아니었다. 그러나 차 가격이 높다는 점과 착색의 문제 그리고 불량 차라는, 이 세 가지 점에 일본 차의 문제점이 있었다.

일본 차가 고가였다는 것은 앞서 언급한 바와 같이 1901년이라는 동일한 시점에서 같은 품질의 녹차가 인도와 실론에서는 1근에 16~17센트였던 것에 비해 일본에서는 23~24센트였다는 사실만으로도 분명하다. 어떻게 양자 사이에 이 정도의 큰 차이가 생기게 된 것일까? 그것은 말할 것도 없이 양자의 생산력 차이에서 비롯된 것인데, 인도와 실론의 생산력이 압도적으로 높았기 때문이다. 이 점을 당시 일본의 제차업자들이 어느 정도 인식하고 있었는가는 알 수 없지만 적어도 캐나다 주재 영사는 캐나다 현지에서 생산성의 격차를 직접 몸으로 실감하였다.

1901년 3월 20일부 밴쿠버 일본 영사관 보고에 의하면, "제차 원가에 크게 관계되는 것은 노동력을 절약할 수 있는 기계의 사용 여부에 달려 있다"며 일본 차업이 기계화에 현저히 뒤져 있다는 점을 지적하고 있다. 이어서 가족적 소규모 경영에 의한 일본 차의 위기에 대해 다음과 같이 호소하고 있다.

사람들이 알고 있는 바와 같이 인도와 실론에서의 제차 방법은 무엇보다 다원이 광대하므로 찻잎 생산비를 절약할 수 있고, 그 제조 과정에서는 교묘한 기계의 힘을 빌려 인력은 오직 기계 작동을 위한 보조적인 수단에 불과하다고 한다. 그런데 일본에서는 각 다원의 규모가 협소하고 차를 경작하고 채취하는 데 노동비 비율이 높으며, 제조 과정에 이르러서는 거의 전부 인력에 의존하고 기계를 이용하지 않아 노동비가 매년 증가하므로 그에 따라 제조 원가도 점점 증가한다. 도저히 인도와 실론의 기계 제차와 경쟁할 능력이 없다. 판로도 더욱 축소되고 수출도 더욱 감소하는 비관적인 상황에 빠질 수밖에 없다. 차 업자들은 반성 숙고하여 기계를 응용하는 방법을 강구하지 않으면 안 될 것이다.

어쨌든 일본 차는 캐나다뿐만 아니라 세계 시장 곳곳에서 자본주의적 대규모 생산 체제를 갖춘 인도·실론 차와의 경쟁을 피할 수 없었다. 홍차에 있어서는 일본이 처음부터 경쟁이 되지 못할 정도였고, 일본이 자랑하고 있는 녹차에 있어서도 인도와 실론이 일본 녹차와 비슷하게 만들어 정면으로 경쟁을 시도해 옴으로써 녹차도 이제 중대한 국면에 들어서게 된 것이다.

일본 녹차의 착색은 불량 차 수출과 함께 인도와 실론의 차업자에게 빌미를 제공해 주었다. 그들은 광고에서 특히 이 점을 지적하면서 일본 녹차의 유해 유독함을 공격하였다. 확실히 가루차와 불량 차는 맛과 향이 없으며 그 속에 모래나 기타 혼합물이 적지 않게 섞여 있었다. 가격이 낮아서 한 번쯤 구입해 보지만 그 조악함에 싫증나고, 나아가서는 일본 차 전체에 혐오감을 가지게 하였다.

일본이 인도와 실론 차에 대항하기 위해서는 어떻게 해야 좋을까? 무엇보다 일본 차를 기계화하는 것이 급선무라고 소리 높여 주장한 사람은 밴쿠버의 영사였다. 그는 다음과 같이 주장하였다.

일본의 제차 방법은 개개가 고립되어 있으며 인력을 주로 이용하는데 반해 저들의 생산 방식을 보면 규모가 광대한데다가 기계의 힘을 이용한다. 이는 창과 칼을 가지고 기계 포에 대항하는 것과 같지 않은가? 만약 다원의 이익이 적어 뽕나무밭으로 전환시키는 것이 낫다면 그만둘 작정을 해야 한다. 만약 그렇지 않다면 그 업무를 지속시켜 북미에서 확보한 시장을 계속 유지하는 것은 물론 더 나아가 판로를 확장해야 한다. 이 기회에 크게 분발 각성하여 적에 대항할 준비를 하고 품질과 가격 양면에서 인도와 실론의 홍차에 대항하여 우수할망정 열등하지는 않다는 사실을 소비자들의 눈앞에 보여 주어야 한다. 대세를 만회할 수 있는 유일한 길은 이 방법뿐이다.

분명 맞는 말이다. 그러나 일본의 차업을 인도나 실론처럼 거대한 자본력을 이용하여 대규모의 기계화 경영으로 전환한다는 것은 말은 쉽지만 현실적으로는 어려운 문제였다. 이것이 어렵다고 한다면 일본 차업에는 이제 쇠락의 길만 남은 것일까?

정부 보조금의 중단

미국과 캐나다 시장을 도도히 흐르는 인도와 실론 차 앞에 일본의 차업자들은 초조함을 느꼈다. 1896년 10월, 쓰(津) 시市에서 열린 전국차업자대회에서는 외국 차의 위협이 현안으로 떠올랐고 일본 차의 해외 판로 확장에 대한 국고 보조금을 정부에 청원할 것을 결의하였다. 즉 인도와 실론 차의 진출에 대처하기 위해 5년간에 걸쳐 매년 35만 엔의 판로 확장 보조금을 출원하라는 것이었다. 이 청원에 대하여 농상무성은 다음해인 1897년 4월에 그해부터 7년간 매년 7만 엔을 차업조합중앙회의소에 교부할 것을 약속하였다. 35만 엔의 청원에 대해 그 5분의 1밖에 되지 않는 소액이었지만 차업조합중앙회의소는 즉시 인도와 실론 차에 대항하기 위한 판로 확장책을 세웠다.

즉, 1897년에는 시카고 및 뉴욕에, 1900년에는 몬트리올, 샌프란시스코, 세인트루이스에 출장소를 개설하고 각각 주재원을 파견하였다. 미대륙 방면뿐만 아니라 러시아에도 새로운 시장 개척이 계획되어 블라디보스토크, 하바로프스크, 스트텐치스이 등에도 출장소가 증설되었다. 이들 출장소에서는 일본 차의 판매와 시장 조사 외에도 신문·잡지 등의 매스컴을 이용하여 일본 차를 선전하였다. 그러나 앞서도 언급한 바와 같이 인도와 실론 차의 격렬한 선전 앞에 일본 차는 한 발 한 발 후퇴를 거듭할 뿐이었다.

그러는 사이 어느새 7년이 경과하고 1903년에 이르러 보조금이 중단되었다. 이 때 보조금이 중단되었다는 것은 모처럼 해외에 설치한 출장소를 다시 철수시킬 수밖에 없으며 이는 판로 확장 사업에 커다란 장애를 가져오게 된다는 것을 의미한다. 그래서 그해 5월 오사카(大阪)에서 개최된 전국차업대회에서 보조금의 계속적인 교부를 결의하여 정부에 진정하였다. 그러나 정부는 1904년 한 해만 3만 5,000엔을 보조하겠다는 냉정한 회답을 하였다. 그 이후에도 차업자들이 자주 국고 보조의 지속과 증액을 청원하였으나 정부로부터 어떤 회답도 듣지 못했고 결국 차업자들의 노력은 허무하게 끝나고 말았다. 일본의 이러한 사정과는 반대로 인도와 실론은 1903년부터 한 해에 1만 3,000파운드라는 방대한 선전비를 들여 주로 북미 시장에서 일본과 중국 차에 대항하여 인도와 실론 홍차에 대한 일대 캠페인을 새로 시작하였다. 이에는 일본 차도 물러설 수밖에 없었다.

정부는 차업자에 대한 보조를 왜 중단한 것일까? 마침 당시는 러일전쟁 직후로 국가 재정이 궁핍하여 차 산업에 원조의 손길을 뻗을 겨를이 없었던 것이 사실이다. 그러나 더 큰 이유는 이 시기에 이르러 차 산업이 차업자들이 말하는 것처럼 더이상 일본의 운명을 좌우할 정도의 사업이 되지 못하였다는 데 있었다.

즉, 생사나 차와 같은 농산물 수출로부터 출발한 일본 경제는 청일전쟁과 러일전쟁을 거쳐 산업 혁명을 달성하고 면공업으로부터 중공업을 육성하는 단계에 도달하였다. 1887년에는 차의 수출이 생사에 이어 제2위(총 수출액 14.5%)를 차지하였지만 1900년대 초반에는 수출액에서 생사·견직물·성냥·면사·석회가 수위를 점하고 동銅·차茶·면직물은 그 다음을 차지하였을 뿐으로 이제 차는 1870년대 전후처럼 일본의 운명을 좌우하는 산업이 아니었던 것이다. 1912년에 이르러 차의 수출액은 총 수출액에서 겨우 2.6%를 차지하였을 뿐이고 마침내 면직물과 보릿짚 자리(여름용)에도 추월 당해 예전의 면모를 찾아 볼 수 없게 되었다. 게다가 세계적인 흐름으로 보아도 홍차가 세계 차 시장을 굳건히 지배하고 있는 그런 실정이었다. 장기적인 안목으로 보아 일본 차 생산의 앞길은 결코 밝지 않았던 것이다. 따라서 정부가 이전처럼 차 산업에 깊은 관심을 갖지 않게 된 것은 어찌보면 당연한 일이었다고도 하겠다.

세계 유수의 차 수입국으로

그런데 제1차 세계 대전의 발발이라는 비상 사태가 일본 차 산업에 어부지리를 가져다 주었다. 세계 대전 발발과 함께 일본의 차 수출이 상승하기 시작하였고 1917년에는 개국 이래의 기록을 경신하기도 하였다. 그러나 그것은 일시적인 현상이었을 뿐, 정전 후에는 세계 시장에서 급속히 후퇴하게 되었다. 특히 최대 시장이었던 미국에서는 전후 인도와 실론 홍차의 대진출로 한층 곤경에 빠졌다. 미국 시장에서의 후퇴를 만회하기 위한 새로운 시장 개척이 급선무였던 일본 앞에 떠오른 것은 소비에트 시장의 재개척과 모로코를 비롯한 알제리, 튀니지, 리비아 그리고 북미 및 중앙 아시아의 아프가니스탄 등의 시장이었다.

그 사이에 다카바야시 겐조(高林謙三)의 유념기揉捻器(균일한 수분 함량과 적당한 조직 파괴로 찻잎의 모양을 좋게 하고 차맛이 잘 우러나게 하는 과정을 기계화한 것으로 근대적 대량 생산의 기틀을 마련하였음) 발명(1897)을 계기로 제1차 대전 중에 수공 제조에서 기계 제조로 이행되어 일본의 차 제조업도 드디어 근대적인 생산 체제로 접어들게 되었다는 점을 기록해 둘 필요가 있다. 또 소규모 경영으로는 국제적 경쟁을 견디기 어렵다는 점은 누차 지적된바 있지만, 1890년대와 1900년대를 지나면서 일본의 차 산업 경영 내부에 비교적 대규모 경영이 출현하였음은 주목할 만하다. 즉 1877년경에는 백중지세였던 각지의 차 생산이 스즈오카(靜岡)를 제외하고 해마다 쇠퇴해 갔다. 몰락한 지역은 주로 소규모 경영이었고, 스즈오카의 차 산업은 다른 지역에서는 보이지 않았던 대규모적이고 근대적인 방법으로 운영되었다. 일본

214

산 홍차, 특히 타이완 산 홍차의 수출은 1932년까지 거의 전무하다시피 하였는데 인도와 실론, 자바의 수출 제한 협정(1933~38)에 의해 1933~37년 사이에 급격히 상승하였고 1937년에는 최고에 달하였다.

차 산업계의 이 같은 노력과 성과는 그런 대로 평가할 만 하지만 거시적으로 본다면 일본 차가 세계 시장에서 패배하였다는 사실은 이미 1890년대 말에 분명해졌다. 실제로 일본 내의 차나무 재배 면적은 1892년 이후 점차 감소하였고, 동시에 차의 총 수출액도 제1차 세계 대전의 비상 시기를 제외하면 1895년에 정점을 기록한 이래 정체 내지 감소하는 경향을 보였다. 1900년을 전후하여 일본의 산업과 그 수출 구성이 변화함으로써, 즉 공업화의 진전에 따라 면제품 · 견직물 등의 경공업 제품 수출로 무역 구조가 변화하고 나아가 1912~25년에는 중공업으로 산업 구조가 변화함으로써 차 산업의 운명이 결정지어진 것이다.

요컨대, 일본 경제가 부상하는 과정에서 차는 '연결 고리'로서의 역할을 수행하고 퇴장하였다고 할 수 있다. 만약 일본이 거국적으로 인도와 실론 차에 필적할 만한 차 단일 재배국이 되었다면 세계 자본주의의 틀 속에서 일본은 아직까지도 저개발국 혹은 주변국으로서의 위치를 면하지 못하고 있을 것이다.

상품으로서의 일본 차는 이렇게 쇠퇴하였다. 1917년『국연농산물무역연감國連農産物貿易年鑑』에 의하면 1978년 당시 일본은 3,587톤의 차를 수출하는 데 비해 1만 2,173톤의 차를 수입하는 세계 유수의 차 수입국이 되었다(또한 1978년의 커피 수입량은 10만 1,687톤으로 홍차의 약 10배였음). 이처럼 일본 차는 상품으로서는 쇠퇴하였지만 문화적인 측면인 '다도茶道' 속에서 살아남을 길을 찾았다.

커피·홍차와 일본의 근대화

1886년 11월, 도쿄(東京) 일본교日本橋 소망정小網町에 일본 최초의 커피점 '세수정洗愁亭'이 출현하였다. 이어 1888년 4월에 중국인 정영경鄭永慶이 도쿄 하곡흑문정下谷黑門町에 '가부다관可否茶館'을 개업하였다. 이것이 일본에서의 근대적 찻집의 시초였다. 가부다관可否茶館은 점포 안에 당구대와 트럼프, 책, 편지지와 편지 봉투까지 비치하여 문인들 사이에 평판이 나 있었는데, 이는 영국 초기의 커피 하우스를 모방한 것이었다. 자리 값이 1전 5리, 커피 한 잔이 1전 5리, 우유를 넣은 커피가 2전, 과자를 곁들이면 3전이었고, 홍차는 메뉴에 없었다.

1883년에 녹명관鹿鳴館의 개관과 함께 상류 계층은 일본의 옛 풍습을 버리고 다투어 서구 문화에 심취하기 시작하였다. 댄스 파티를 중심으로 승마 모임, 양식洋食 예절 모임, 남녀 교제법 연습 모임, 양복 모임 등과 같은 것으로 상류 사회는 서구화에 도취되었고 서구화 열풍이 수년간 거리에 넘쳤다. 그 중에서도 걸작인 것은 다카하시(高橋義雄)의 『일본인종개량론日本人種改良論』(1884)에서 일본인의 체격과 심성은 구미歐美인에 미치지 못하므로 서양 여자와의 결혼을 통해 인종을 개량하는 것이 필요하며 "서양 여자를 맞을 때 부인과 함께 육식하는 습관까지 수입하여 인종 개량을 더욱 도와야 한다"라고 한 것이었다. 이

처럼 서양 문화에 심취한 나머지 머리가 이상해진 경우도 적지
않았다.

상황이 이 정도였으니 지식인 중에 서구화에 반대한 사람이
없을 리 없다. 농상무 대신 다니 다테키(谷干城)는 1887년에 세
태를 한탄하며 내각에서 나왔다. 또한 서구화주의의 대표자로
유명한 문부대신 모리 아리노리(森有禮)가 1889년 2월 11일 메이
지 헌법 공포일에 관저 현관에서 자객에게 암살당한 사건은 서
구화주의에 대한 민중의 반감이 단적으로 표출된 것이었다. 당
시 민중의 감정을 대변해 준 것이 가와카미 오타지로(川上音二
郞)의 옷페케페(Oppekepe) 타령으로 1891년대의 세태를 풍자한
이 문구는 경쾌한 리듬을 타고 민중의 열광적인 환영을 받으며
전국적으로 대유행하였다. 그 한 소절에 다음과 같은 것이 있다.

> 아무 것도 모르면서 아는 체하는 얼굴
> 무턱대고 서양 코를 하고
> 일본 술 따위는 마시지 않는다.
> 맥주에 브랜디, 베르무트 주
> 속에서 부대끼는 양식을
> 마구 먹고 억지를 부리네.
> 화장실에서 토하고
> 진지한 얼굴로 커피를 마시네.
> 우습구나, 에라페케펩뽀 펩뽀뽀.
>   〈石井研堂 저, 『明治事物起原』(1926)에서〉

일본 최초의 커피점은 이렇게 상류 계층의 서구 심취라는 풍
조 속에서 생겨났다. 가부다관可否茶館은 영국에서 그러한 것처

럼 계속해서 커피 하우스를 생겨나게 하지 못하고 경영이 어려
워져 곧바로 문을 닫았다. 커피는 서구화주의에 반감을 품은 민
중 속에 뿌리를 내릴 수 없었던 것이다.

1890년대 말에 출판되어 현재 메이지 풍속사의 백미로 일컬
어지고 있는 책에 히라이데 겐지로(平出鏗二郞, 1869~1911)의
『도쿄 풍속지(東京風俗志)』세 권(상권: 1899년, 중권: 1901년, 하권:
1902년)이 있다. 이 책에는 당시 도쿄의 생활과 풍속에 대한 기
록이 상세히 기재되어 있는데 음식점과 요리점 및 술과 과자 항
목에서 서양 요리점, 맥주 집, 아이스크림, 레모네이드에 이르기
까지 자세한 설명이 있지만 커피점은 물론 커피나 홍차의 음용
에 대해서는 아무런 기록이 보이지 않는다. 커피는 일본인의 생
활 특히 식생활에 가까이 다가가지 못하였던 것이다.

일본의 외국 무역 통계표에 의하면 1868년부터 커피가 수입

커피			
메이지 원년(1868)	1근	742엔	
11년(1878)	75,188근	13,694엔	
15년(1882)	88,108근	11,736엔	
20년(1887)	95,941근	21,498엔	
25년(1892)	53,033근	15,757엔	
30년(1897)	107,031근	39,895엔	
35년(1902)	139,377근	41,858엔	
홍차			커피 수입액
메이지 38년(1905)	70,929근	28,113엔	48,672엔
40년(1907)	39,729근	20,914엔	46,718엔
42년(1909)	41,193근	25,422엔	46,199엔
다이쇼 2년(1913)	63,560근	41,620엔	81,026엔

〈표15〉 일본의 커피 및 홍차의 수입

되었다. 1897년에는 약 10만 근이, 1902년에는 약 14만 근이 수입되었는데 대부분은 외국인과 상류 계층의 수요에 따라 공급된 것이다. 이에 대해 홍차의 수입이 통계표에 나타난 것은 1882년의 『대일본외국무역표』로, 이 해에 인도로부터 810근(450엔)이 수입되었다. 그러나 1897년 이후 1910년에 이르기까지는 매년 약 4~5만 근으로 커피의 거의 절반에 불과하였다. 커피만큼이나 홍차는 일본인들 사이에서 인기가 없었다. 그 가장 큰 이유는 식사 문화가 너무 보수적인데다가 그 전통을 쉽게 바꾸려고 하지 않기 때문이었다.

이시이 겐도(石井研堂, 1865~1943)의 『메이지 사물 기원(明治事物起原)』에 의하면, 커피점의 수가 갑자기 증가한 것은 1923년의 지진 이후인데 그 수가 증가하였다고는 하지만 커피점이 생긴 곳들은 "경시청 직원의 말에 따르면 일본의 불량 청소년 양성소 같은 경우가 많았다"라는 식으로 대개 평판이 나빴다. 그것은 아마도 커피와 홍차만으로는 커피점과 찻집이 운영될 수 없으므로 여급을 두어 손님을 끌게 함으로써(카페의 시초) 많은 불량 청소년들이 모이는 장소가 되었기 때문일 것이다. 커피와 홍차가 세계적인 상품이 되었다고는 하지만 비서구적인 세계에서 유일하게 서구화·공업화가 진행되고 있던 1920년대 중반의 일본에 외국 음료가 사람들의 생활 속 깊이 뿌리내리지 못하였다는 것은 흥미로운 일이다.

에필로그

　·
　·

　　1979년 4월부터 3개월간 '저팬 투데이(Japan Today)'라는 이
름의 대규모 축전이 뉴욕 외 미국의 7대 도시에서 개최되어 많
은 미국인들의 관심을 모았다. 그 가운데에서도 가장 주목을 받
은 것은 '다도 미술전'이었다. 그것은 일본 밖에서 개최된 최초
이자 최고의 다도 전람회라고 할 정도의 것으로서 일본을 대표
하는 일류 인사가 다 모였다. 다도 미술전은 뉴욕을 시작으로 텍
사스 주 포트워스, 하와이 주 호놀룰루로 장소를 잇달아 옮겨 그
사이 6만 5,000명의 입장객을 받았다.
　　『뉴스위크』는 재빨리 4월 30일호 미술란에서 이들을 다루었
는데 센소오시쯔(千宗室: 裏千家 제15세 宗匠)가 자루를 들고 차를
타기 직전의 한 장면을 커다란 사진으로 싣고 "외부 세계는 없
다"는 사진 설명을 덧붙여 차의 극치를 '청적淸寂' 한마디로 표
현하였으며 다도가 일본의 독특한 '무無' 철학과 관계가 있다는
것을 강조하였다. 그리고 "의식하지 못해도 일본에서는 수백만
의 사람들이 숭고한 다도 의례에서 무無를 경험한다", "일본에

서는 아름다움과 기능, 예술과 생활이 한 가지다"라고 하고, 그 전형이 좁고 작은 방(다실)에서 행해지는 '다도'라고 해설을 덧붙였다.

미술 전시장에 설치된 찻자리가 큰 인기를 끌었는데 차를 타기 전에는 많은 사람들이 꼼짝하지 않고 주목하였다고 한다. 1900년 파리 만국박람회에서 일본의 찻집이 아무 주목을 받지 못하였던 것을 생각하면 격세지감을 느끼게 된다. 아사이(朝日) 신문에서도 "한 잔을 주고받으므로 서로의 마음을 통한다는 일본의 오래된 단순한 작법作法에는 물질 문명에 물든 사람을 사로잡는 무언가가 있는 것 같았다"(1979년 9월 31일부)라며 의아스런 표정으로 다도 붐의 일단을 담담하게 보도하였다.

일본 차는 이제 미국에서 상품으로서가 아니라 문화로서 그리고 예술로서 그 소프트웨어적인 측면에서 가치를 인정받고 있다. 제2차 세계 대전 후에 미국은 물질 문명을 바탕으로 대중 소비 사회로서 고도의 번영을 구가하였다. 그러나 베트남 전쟁에서의 좌절, 고도 경제 성장의 막다른 벽, 자원과 에너지 위기 등으로 그 물질 문명을 지탱하고 있던 기반의 붕괴에 직면하면서 미국인들은 물질보다 마음의 만족을 구하기 시작하였다. 와카야마(和歌山) 대학과 간사이(關西: 교토, 오사카를 중심으로 한 지방)에 소재한 대학에서 잠시 교편을 잡은 바 있고 페르시아 미술 연구가로도 알려진 미국인 제이 글럭 씨는 "미국은 이제 일본의 젊은 세대들에게조차 받아들여지기 어려운 다도라는 것을 받아들이기만 하면 성숙해질 것이다"라고 하였다. 그 반면 이코노믹 애니멀화한 일본인에게는 "일본인에게 성숙기는 지나갔고, 있는 그대로 말하자면 위기에 임박해 있다. 이제 일본인은 그것이 파괴되어 없어지기 전에 그 문화 유산이 가치 있고 건전하다는 점을 알아두어야 한다는 것을 대체 모르고 있는가” 하고 경고의 메시지를 보냈다(『淡交』1977년 1월 중간호).

한 잔의 차를 마시면서 무無의 철학을 논할 필요가 있는가? 무엇 때문에 예의 작법 따위를 요란하게 하지 않으면 안 되는가? 마시는 방법은 아무래도 좋지 않은가? 목이 마르기 때문에 차를 마시고 커피를 마시고 맥주를 마시는 것 아닌가? 홍차나 커피 혹은 맥주를 마실 때에는 홍차·커피·맥주의 정신, 그리고 예의 작법 등의 귀찮은 것을 말하지 않는데, 어째서 일본의 녹차를 마실 때에는 다실과 다정茶庭 등의 도구 항목으로부터 시작해서 예의에 이르기까지 말하는 것일까? 실용주의를 원칙으로 하는 근대주의에 입각할 때 이러한 질문은 당연한 것일지도 모른다.

무라이(村井康彦) 씨는 『차의 문화사』에서 흥미로운 에피소드를 소개하였다. 대덕사大德寺의 한 탑 앞에서 차 모임을 가졌을 때의 일로 강사의 강연이 끝나고 질의응답 시간을 가졌는데 참석자 중의 한 사람이 강사의 말을 통렬하게 비판하면서 차는 어떻게든 알맞게 해서 마시면 좋은 것 아닌가, 틀에 박힌 것은 무의미하다는 의견을 냈다. 당일 모임에 참석했던 무라이 씨는 그 후 논의를 진행하고 수습하느라고 진땀을 흘렸다고 한다. 그 발언자가 누구인고 하니 당시의 기예氣銳인 오카모토 다로(岡本太郎) 씨였다.

원래 ‘문화’였던 차가 ‘상품’이 되고, 영국을 중심으로 세계적인 일상 음료가 되면서 차를 마시는 데서 사상思想이 사라지고 미美가 소실되었다. 사상과 미美를 대신해서 건강과 함유된 비타민의 양이 중시되고 자본주의적 상품으로서 생산량과 유통·판매의 격렬한 경쟁이 더욱 심해졌다. 이러한 근대화는 차에서 사상과 예술을 빼앗고 차를 물질의 범주 속으로 옮겨 놓았다. 그리하여 차가 국제성을 획득하게 된 것이다.

그리하여 차는 '문화'에서 '상품'으로 변하는 과정을 거쳐 일상적이고 세계적인 음료가 되었다. 그러나 근대주의와 물질주의의 막다른 길에서 사람들은 다시 차의 '마음(心)'에 관심을 보이기 시작하였다. 차의 세계사가 새로운 단계에 들어선 것이 확실하다.

맺음말

•
•
•

　'일상다반사日常茶飯事'라고 하지만 우리들은 매일같이 무심코 차를 마신다. 필자가 처음 영국에 유학 갔던 해는 1963년이다. 일본에서 가져간 녹차가 영국에서는 맛도 향도 없고 부담스러웠던 것에 비해 영국에서 마신 홍차는 특별히 고급품도 아니었는데 아주 좋은 맛이 났던 일을 지금도 잊을 수 없다.

　벌써 오래 전의 일이지만 그때 생각을 하면 지금도 부끄러운 기억이 있다. 그것은 영국인들이 마시는 홍차는 우리가 마시는 녹차와는 다른 찻잎으로 만들어졌을 것이라고 막연히 생각한 적이 있다는 것이다. 게다가 영국 동인도 회사가 중국에서 녹차를 가져오는 도중에 열대의 더위로 발효되어 홍차가 되었다는 이야기까지 믿은 적이 있다는 것이다. 그러나 얼마 지나지 않아 그것이 모두 틀린 이야기라는 것을 알게 되었다. 찻잎은 같은데 가공하는 방법의 차이에 따라 녹차도 되고 홍차도 되는 것이며, 그중 발효된 것이 홍차라는 사실을 알게 되었다. 차의 기원지는 중국으로서 유럽 인이 차를 알게 된 것은 근세에나 들어와서의 일이므로 영국의 엘리자베스 1세도 차에 대해서는 모르고 있었다는 사실도 알게 되었다.

그렇다면 유럽 인이 어떻게 동양의 차를 발견하고 차에 도취하게 되었을까? 특히, 영국의 경우 커피가 먼저 들어왔음에도 불구하고 무슨 이유로 차가 커피를 누르고 국민적인 음료가 되었으며 오늘날 세계 최대의 홍차 소비국이 된 것일까? 또 동양에서는 차에 설탕을 넣지 않는데 영국인들은 어떤 이유로 우유와 설탕을 넣어 마시게 된 것일까? 이런 의문들이 필자의 마음 속에서 꼬리에 꼬리를 물고 이어졌다.

영국인들이 녹차가 아닌 홍차를 마시게 된 것이 다소 기이하게도 보이지만 영국의 물에 적합하였기 때문이라고 한다. 어떻게 차에 설탕을 넣어 마시게 되었는가? 물어 보나마나 그들은 설탕을 넣지 않으면 쓰기 때문이라고 하든가 아무런 답변도 하지 않을 것이다. 확실히 그런 점이 있기는 있다. 그렇다고 하더라도 그렇다면 동양인들은 왜 녹차에 설탕을 넣지 않는가 하는 의문이 여전히 남는다. 확실히 유럽과 동양 사이에는 차에 대한 가치관의 차이가 존재한다. 그 가치관의 차이는 어디서 생긴 것일까? 어쩌면 그것은 근세 유럽사의 전개 속에서 발생한 것이 아닐까?

오랫동안 영국 경제사를 공부해 온 필자는 역사가로서 차의 역사에 상당한 흥미를 가지게 되었다. 민중의 일상 생활의 지극히 신변적인 것을 통해서 역사를 직시하는 사회사·생활사가 최근 서양이나 일본에서 역사가의 관심을 모으고 있다. 그러나 차의 생활사는 거의 미개척 분야라서 알려진 것이 많지 않다. 차에 관한 문헌과 자료의 수집에 많은 어려움이 있었지만 동시에 자료를 하나하나 더듬어야 하므로 추리 소설의 수수께끼를 푸는 듯한 즐거움과 흥분을 맛본 것도 사실이다.

이러한 작업을 거쳐 확실히 깨닫게 된 것은 근세 유럽 자본주의의 형성과 그 국제적 발전에 있어 차가 예상 외로 커다란 역할을 수행하였다는 사실이다. 일본인은 비록 의식하지 못했지만 차가 세계사를 만들어 가는 과정에서 일본의 차 문화가 의외로 중요한 역할을 수행하였다는 것, 또 장래에 수행하여야 할 일을 발견하였다는 것은 필자에게도 놀라운 사실이었다. 그리하여 단숨에 써 내려간 것이 바로 이 책이다.

이 책은 제1부 '문화로서의 차 · 녹차 대 홍차', 제2부 '상품으로서의 차 · 세계 시장에서의 일본 차'로 구성되어 있다.

제1부는 유럽 인이 동양에서 처음 차를 알게 된 16세기경부터 시작된다. 그들이 흥미를 가진 차라는 것은 단지 마시는 음료로서의 차가 아니라 다도茶道로 대표되는 '문화'로서의 차였다. 차가 유럽에 도입되는 과정에서 그것은 영국에서 보다 적합한 음료로 정착되었고 영국은 그것을 홍차 문화로 자리매김하였다. 그러나 동양의 녹차 문화가 예도禮道와 정신 문화로 승화된 것이라면 홍차 문화는 그것과는 완전히 다른 물질 문화로서 형성된 동시에 문화가 아닌 자본주의적 '상품'이 되었다. 그러한 과정을 살핀 것이 제1부이다.

제2부는 개항 후의 일본 차의 운명을 테마로 하였다. 일본 차는 무로마치(室町) 시대 이래 일본인의 생활에 정착하여 전통적인 '문화'를 형성하였다. 그러나 개항 이후, '문화'에서 세계 시장을 위한 '상품'으로의 전환이 불가피하게 되었다. 아무런 준

비도 없이 갑자기 세계 시장에 내던져진 상품으로서 일본 차가 세계 시장에서 격렬한 경쟁을 해야 했던 상대는 중국 차와 인도·실론의 홍차였다. 이 틈에 끼어 일본 차는 호주, 러시아, 미국, 캐나다 각지에서 선전善戰하였다. 그러나 인도·실론 홍차의 공세 앞에 후퇴할 수밖에 없었고 제1차 세계 대전 전에 이미 패색이 짙어졌다. 물질주의가 지배하는 미국과 캐나다 시장에서 '문화' 적 측면에서 차를 선전하고자 하였던 일본측의 노력은 '건강 음료' 라는 측면에서 판매를 시도한 인도·실론의 홍차 공세에 손들 수밖에 없었다. 그러한 과정을 영사 보고에 근거하여 설명한 것이 제2부이다.

일본 차가 '상품' 으로서의 경쟁에서는 패배하였다고 하지만 과연 차의 '문화' 까지도 사라진 것일까? 차의 세계사는 근대 물질 문명 속에서 살아가는 사람들의 생활 방식에 대해 우리들에게 묻고 있는 것 같다.

이 책은 사실 여러 방면의 업적에 빚을 지고 있다. 특히 국립 민족학 박물관에서 공동으로 연구하여 내놓은 「차의 문화에 관한 종합적 연구」(대표자 守屋毅)와 같은 연구 성과와 자극에 힘입은 바 크다. 무라이(村井康彦), 구마쿠라(熊倉功夫), 하야시(林左馬衛) 씨로부터는 다도 문화에 대해, 하시모토(橋本實) 씨로부터는 차나무의 육종학에 대해, 후지오카(藤岡喜愛) 씨로부터는 차의 중독론(Narcotics Theory)에 대해, 모리야(守屋毅) 씨와 사사키 다카아키(佐佐木高明) 씨로부터는 조엽수림照葉樹林 문화로서의 차의 민족학에 대해, 이시게 나오미치(石毛直道) 씨로부터는 식사 문화의 민족학에 대해서 참으로 많은 것을 배웠다.

본서에서 그 성과의 일단을 이용한 외에도 모리야(守屋毅) 씨로부터는 사진 제공과 게재를 허락받았다. 또한 문헌 및 자료와 관련하여서도 국립국회도서관, 국립공문서관國立公文書館, 오사카(大阪) 부립도서관, 고베(神戸) 시립중앙도서관, 마쓰모토(松本) 문고 외에 여기에 모두 적을 수 없지만, 여러 방면에서 많은 도움을 받았다. 마음속에 깊이 새기며 감사의 뜻을 전한다. 끝으로 출판까지 줄곧 배려를 아끼지 않은 미야(宮一穗) 씨께 감사의 글을 올린다.

1980년 11월
츠노야마 사가에(角山榮) 적음

◀◀ 예문서원의 책들 ▶▶

원전총서

박세당의 노자(新註道德經) 박세당 지음, 김학목 옮김, 312쪽, 13,000원
율곡 이이의 노자(醇言) 이이 지음, 김학목 옮김, 152쪽, 8,000원
홍석주의 노자(訂老) 홍석주 지음, 김학목 옮김, 320쪽, 14,000원
북계자의(北溪字義) 陳淳 지음, 김충열 감수, 김영민 옮김, 295쪽, 12,000원
주자가례(朱子家禮) 朱熹 지음, 임민혁 옮김, 496쪽, 20,000원
서경잡기(西京雜記) 劉歆 지음, 葛洪 엮음, 김장환 옮김, 416쪽, 18,000원
고사전(高士傳) 皇甫謐 지음, 김장환 옮김, 368쪽, 16,000원
열선전(列仙傳) 劉向 지음, 김장환 옮김, 392쪽, 15,000원
열녀전(列女傳) 劉向 지음, 이숙인 옮김, 447쪽, 16,000원
선가귀감(禪家龜鑑) 청허휴정 지음, 박재양ㆍ배규범 옮김, 584쪽, 23,000원
공자성적도(孔子聖蹟圖) 김기주ㆍ황지원ㆍ이기훈 역주, 254쪽, 10,000원
공자세가ㆍ중니제자열전(孔子世家ㆍ仲尼弟子列傳) 司馬遷 지음, 김기주ㆍ황지원ㆍ이기훈 역주, 224쪽, 12,000원
천지서상지(天地瑞祥志) 김용천ㆍ최현화 역주, 384쪽, 20,000원

성리총서

범주로 보는 주자학(朱子の哲學) 오하마 아키라 지음, 이형성 옮김, 546쪽, 17,000원
송명성리학(宋明理學) 陳來 지음, 안재호 옮김, 590쪽, 17,000원
주희의 철학(朱熹哲學研究) 陳來 지음, 이종란 외 옮김, 544쪽, 22,000원
양명 철학(有無之境─王陽明哲學的精神) 陳來 지음, 전병욱 옮김, 752쪽, 30,000원
주자와 기 그리고 몸(朱子と氣と身體) 미우라 구니오 지음, 이승연 옮김, 416쪽, 20,000원
정명도의 철학(程明道思想研究) 張德麟 지음, 박상리ㆍ이경남ㆍ정성희 옮김, 272쪽, 15,000원
주희의 자연철학 김영식 지음, 576쪽, 29,000원
송명유학사상사(宋明時代儒學思想の研究) 구스모토 마사쓰구(楠本正繼) 지음, 김병화ㆍ이혜경 옮김, 602쪽, 30,000원
북송도학사(道學の形成) 쓰치다 겐지로(土田健次郎) 지음, 성현창 옮김, 640쪽, 3,2000원

불교(카르마)총서

파란눈 스님의 한국 선 수행기 Robert E. Buswell ㆍ Jr. 지음, 김종명 옮김, 376쪽, 10,000원
학파로 보는 인도 사상 S. C. Chatterjee ㆍ D. M. Datta 지음, 김형준 옮김, 424쪽, 13,000원
불교와 유교 ─ 성리학, 유교의 옷을 입은 불교 아라키 겐고 지음, 심경호 옮김, 526쪽, 18,000원
유식무경, 유식 불교에서의 인식과 존재 한자경 지음, 208쪽, 7,000원
박성배 교수의 불교철학강의: 깨침과 깨달음 박성배 지음, 윤원철 옮김, 313쪽, 9,800원
불교 철학의 전개, 인도에서 한국까지 한자경 지음, 252쪽, 9,000원
인물로 보는 한국의 불교사상 한국불교원전연구회 지음, 388쪽, 20,000원
한국 비구니의 수행과 삶 전국비구니회 엮음, 400쪽, 18,000원
은정희 교수의 대승기신론 강의 은정희 지음, 184쪽, 10,000원

노장총서

도가를 찾아가는 과학자들 ─ 현대신도가의 사상과 세계(當代新道家) 董光璧 지음, 이석명 옮김, 184쪽, 5,800원
유학자들이 보는 노장 철학 조민환 지음, 407쪽, 12,000원
노자에서 데리다까지 ─ 도가 철학과 서양 철학의 만남 한국도가철학회 엮음, 440쪽, 15,000원
이강수 교수의 노장철학이해 이강수 지음, 462쪽, 23,000원
不二 사상으로 읽는 노자 ─ 서양철학자의 노자 읽기 이찬훈 지음, 304쪽, 12,000원
김항배 교수의 노자철학 이해 김항배 지음, 280쪽, 15,000원

강의총서

김충열교수의 노자강의 김충열 지음, 434쪽, 20,000원
김충열교수의 중용대학강의 김충열 지음, 448쪽, 23,000원

퇴계원전총서

고경중마방古鏡重磨方 ─ 퇴계 선생의 마음공부 이황 편저, 박상주 역해, 204쪽, 12,000원
활인심방活人心方 ─ 퇴계 선생의 마음으로 하는 몸공부 이황 편저, 이윤희 역해, 308쪽, 16,000원

한국철학총서

조선 유학의 학파들 한국사상사연구회 편저, 688쪽, 24,000원
실학의 철학 한국사상사연구회 편저, 576쪽, 17,000원
윤사순 교수의 한국유학사상론 윤사순 지음, 528쪽, 15,000원
한국유학사 1 김충열 지음, 372쪽, 15,000원
퇴계의 생애와 학문 이상은 지음, 248쪽, 7,800원
율곡학의 선구와 후예 황의동 지음, 480쪽, 16,000원
다카하시 도루의 조선유학사 ― 일제 황국사관의 빛과 그림자 다카하시 도루 지음, 이형성 편역, 416쪽, 15,000원
퇴계 이황, 예 잇고 뒤를 열어 고금을 꿰뚫으셨소 ― 어느 서양철학자의 퇴계연구 30년 신귀현 지음, 328쪽, 12,000원
조선유학의 개념들 한국사상사연구회 지음, 648쪽, 26,000원
성리학자 기대승, 프로이트를 만나다 김용신 지음, 188쪽, 7,000원
유교개혁사상과 이병헌 금장태 지음, 336쪽, 17,000원
남명학파와 영남우도의 사림 박병련 외 지음, 464쪽, 23,000원
쉽게 읽는 퇴계의 성학십도 최제목 지음, 152쪽, 7,000원
홍대용의 실학과 18세기 북학사상 김문용 지음, 288쪽, 12,000원
남명 조식의 학문과 선비정신 김충열 지음, 512쪽, 26,000원
명재 윤증의 학문연원과 가학 충남대학교 유학연구소 편, 320쪽, 17,000원
조선유학의 주역사상 금장태 지음, 320쪽, 16,000원
율곡학과 한국유학 충남대학교 유학연구소 편, 464쪽, 23,000원
한국유학의 악론 금장태 지음, 240쪽, 13,000원

연구총서

논쟁으로 보는 중국철학 중국철학연구회 지음, 352쪽, 8,000원
김충열 교수의 중국철학사 1 ― 중국철학의 원류 김충열 지음, 360쪽, 9,000원
논쟁으로 보는 한국철학 한국철학사상연구회 지음, 326쪽, 10,000원
반논어(反論語) 趙紀彬 지음, 조남호·신정근 옮김, 768쪽, 25,000원
논쟁으로 보는 불교철학 이효걸·김형준 외 지음, 320쪽, 10,000원
중국철학과 인식의 문제(中國古代哲學問題發展史) 方立天 지음, 이기훈 옮김, 208쪽, 6,000원
문제로 보는 중국철학 ― 우주, 본체의 문제(中國古代哲學問題發展史) 方立天 지음, 이기훈·황지원 옮김, 232쪽, 6,800원
중국철학과 인성의 문제(中國古代哲學問題發展史) 方立天 지음, 박경환 옮김, 191쪽, 6,800원
중국철학과 지행의 문제(中國古代哲學問題發展史) 方立天 지음, 김학재 옮김, 208쪽, 7,200원
현대의 위기 동양 철학의 모색 중국철학회 지음, 340쪽, 10,000원
역사 속의 중국철학 중국철학회 지음, 448쪽, 15,000원
일곱 주제로 만나는 동서비교철학(中西哲學比較面面觀) 陳衛平 편저, 고재욱·김철운·유성선 옮김, 320쪽, 11,000원
중국철학의 이단자들 중국철학회 지음, 240쪽, 8,200원
공자의 철학(孔孟荀哲學) 蔡仁厚 지음, 천병돈 옮김, 240쪽, 8,500원
맹자의 철학(孔孟荀哲學) 蔡仁厚 지음, 천병돈 옮김, 224쪽, 8,000원
순자의 철학(孔孟荀哲學) 蔡仁厚 지음, 천병돈 옮김, 272쪽, 10,000원
서양문학에 비친 동양의 사상 한림대학교 인문학연구소 엮음, 360쪽, 12,000원
유학은 어떻게 현실과 만났는가 ― 선진 유학과 한대 경학 박원재 지음, 218쪽, 7,500원
유교와 현대의 대화 황의동 지음, 236쪽, 7,500원
동아시아의 사상 오이환 지음, 200쪽, 7,000원
역사 속에 살아있는 중국 사상(中國歷史に生きる思想) 시게자와 도시로 지음, 이혜경 옮김, 272쪽, 10,000원
덕치, 인치, 법치 ― 노자, 공자, 한비자의 정치 사상 신동준 지음, 488쪽, 20,000원
육경과 공자 인학 남상호 지음, 312쪽, 15,000원
리의 철학(中國哲學範疇精髓叢書―理) 張立文 주편, 안유경 옮김, 524쪽, 25,000원
기의 철학(中國哲學範疇精髓叢書―氣) 張立文 주편, 김교빈 외 옮김, 572쪽, 27,000원
동양 천문사상, 하늘의 역사 김일권 지음, 480쪽, 24,000원
동양 천문사상, 인간의 역사 김일권 지음, 544쪽, 27,000원
공부론 임수무 외 지음, 544쪽, 27,000원

역학총서

주역철학사(周易研究史) 廖名春·康學偉·梁韋弦 지음, 심경호 옮김, 944쪽, 30,000원
주역, 유가의 사상인가 도가의 사상인가(易傳與道家思想) 陳鼓應 지음, 최진석·김갑수·이석명 옮김, 366쪽, 10,000원
송재국 교수의 주역 풀이 송재국 지음, 380쪽, 10,000원

일본사상총서

일본 신도사(神道史) 무라오카 츠네츠구 지음, 박규태 옮김, 312쪽, 10,000원
도쿠가와 시대의 철학사상(德川思想小史) 미나모토 료엔 지음, 박규태·이용수 옮김, 260쪽, 8,500원
일본인은 왜 종교가 없다고 말하는가(日本人はなぜ無宗敎のか) 아마 도시마로 지음, 정형 옮김, 208쪽, 6,500원
일본사상이야기 40(日本がわかる思想入門) 나가오 다케시 지음, 박규태 옮김, 312쪽, 9,500원
사상으로 보는 일본문화사(日本文化の歷史) 비토 마사히데 지음, 엄석인 옮김, 252쪽, 10,000원
일본도덕사상사(日本道德思想史) 이에나가 사부로 지음, 세키네 히데유키·윤종갑 옮김, 328쪽, 13,000원
천황의 나라 일본 — 일본의 역사와 천황제(天皇制と民衆) 고토 야스시 지음, 이남희 옮김, 312쪽, 13,000원
주자학과 근세일본사회(近世日本社會と宋學) 와타나베 히로시 지음, 박홍규 옮김, 304쪽, 16,000원

예술철학총서

중국철학과 예술정신 조민환 지음, 464쪽, 17,000원
풍류정신으로 보는 중국문학사 최병규 지음, 400쪽, 15,000원
율려와 동양사상 김병훈 지음, 272쪽, 15,000원
한국 고대 음악사상 한흥섭 지음, 392쪽, 20,000원

동양문화산책

공자와 노자, 그들은 물에서 무엇을 보았는가 사라 알란 지음, 오만종 옮김, 248쪽, 8,000원
주역산책(易學漫步) 朱伯崑 외 지음, 김학권 옮김, 260쪽, 7,800원
공자의 이름으로 죽은 여인들 田汝康 지음, 이재정 옮김, 248쪽, 7,500원
동양을 위하여, 동양을 넘어서 홍원식 외 지음, 264쪽, 8,000원
서원, 한국사상의 숨결을 찾아서 안동대학교 안동문화연구소 지음, 344쪽, 10,000원
녹차문화 홍차문화 츠노야마 사가에 지음, 서은미 옮김, 232쪽, 7,000원
거북의 비밀, 중국인의 우주와 신화 사라 알란 지음, 오만종 옮김, 296쪽, 9,000원
문학과 철학으로 떠나는 중국 문화 기행 양회석 지음, 256쪽, 8,000원
류짜이푸의 얼굴 찌푸리게 하는 25가지 인간유형 류짜이푸(劉再復) 지음, 이기면·문성자 옮김, 320쪽, 10,000원
안동 금계마을 — 천년불패의 땅 안동대학교 안동문화연구소 지음, 272쪽, 8,500원
안동 풍수 기행, 와혈의 땅과 인물 이완규 지음, 256쪽, 7,500원
안동 풍수 기행, 돌혈의 땅과 인물 이완규 지음, 328쪽, 9,500원
영양 주실마을 안동대학교 안동문화연구소 지음, 332쪽, 9,800원
예천 금당실·맛질 마을 — 정감록이 꼽은 길지 안동대학교 안동문화연구소 지음, 284쪽, 10,000원
터를 안고 仁을 펴다 — 퇴계가 굽어보는 하계마을 안동대학교 안동문화연구소 지음, 360쪽, 13,000원
안동 가일 마을 — 풍산들기에 의연히 서다 안동대학교 안동문화연구소 지음, 344쪽, 13,000원
중국 속에 일떠서는 한민족 — 한겨레신문 차한필 기자의 중국 동포사회 리포트 차한필 지음, 336쪽, 15,000원
고려시대의 안동 안동시·안동대학교 안동문화연구소 편, 448쪽, 17,000원
신간도견문록 박진관 글·사진, 504쪽, 20,000원
안동 무실 마을 — 문헌의 향기로 남다 안동대학교 안동문화연구소 지음, 464쪽, 18,000원

민연총서 — 한국사상

자료와 해설, 한국의 철학사상 고려대 민족문화연구원 한국사상연구소 편, 880쪽, 34,000원
여헌 장현광의 학문 세계, 우주와 인간 고려대 민족문화연구원 한국사상연구소 편, 424쪽, 20,000원
퇴옹 성철의 깨달음과 수행 — 성철의 선사상과 불교사적 위치 조성택 편, 432쪽, 23,000원
여헌 장현광의 학문 세계 2, 자연과 인간 고려대 민족문화연구원 한국사상연구소 편, 432쪽, 25,000원

예문동양사상연구원총서

한국의 사상가 10人—원효 예문동양사상연구원/고영섭 편저, 572쪽, 23,000원
한국의 사상가 10人—의천 예문동양사상연구원/이병욱 편저, 464쪽, 20,000원
한국의 사상가 10人—지눌 예문동양사상연구원/이덕진 편저, 644쪽, 26,000원
한국의 사상가 10人—퇴계 이황 예문동양사상연구원/윤사순 편저, 464쪽, 20,000원
한국의 사상가 10人—남명 조식 예문동양사상연구원/오이환 편저, 576쪽, 23,000원
한국의 사상가 10人—율곡 이이 예문동양사상연구원/황의동 편저, 600쪽, 25,000원
한국의 사상가 10人—하곡 정제두 예문동양사상연구원/김교빈 편저, 432쪽, 22,000원
한국의 사상가 10人—다산 정약용 예문동양사상연구원/박홍식 편저, 572쪽, 29,000원
한국의 사상가 10人—혜강 최한기 예문동양사상연구원/김용헌 편저, 520쪽, 26,000원
한국의 사상가 10人—수운 최제우 예문동양사상연구원/오문환 편저, 464쪽, 23,000원